逐梦年少
静待花开

张雁南 著

合肥工业大学出版社

图书在版编目(CIP)数据

逐梦年少 静待花开/张雁南著.—合肥:合肥工业大学出版社,
2019.1

ISBN 978 - 7 - 5650 - 4413 - 7

Ⅰ.①逐… Ⅱ.①张… Ⅲ.①作文—中学—选集②读书笔记—中
国—现代 Ⅳ.①H194.5②G792

中国版本图书馆 CIP 数据核字(2019)第 020440 号

逐梦年少 静待花开

张雁南 著		责任编辑 王钱超	
出 版	合肥工业大学出版社	版 次	2019 年 1 月第 1 版
地 址	合肥市屯溪路 193 号	印 次	2019 年 3 月第 1 次印刷
邮 编	230009	开 本	880 毫米×1230 毫米 1/32
电 话	人文编辑部:0551 - 62903915	印 张	5.125
	市场营销部:0551 - 62903198	字 数	158 千字
网 址	www.hfutpress.com.cn	印 刷	安徽昶颉包装印务有限责任公司
E-mail	hfutpress@163.com	发 行	全国新华书店

ISBN 978 - 7 - 5650 - 4413 - 7 定价:39.00 元

如果有影响阅读的印装质量问题,请与出版社市场营销部联系调换。

自　序

　　因爸爸工作变动的缘故，我很小就随父母来往于美国、德国和中国之间，得到三个国家不同婴儿牛奶的滋养，拥有一个美好而又幸福的童年。记忆里最初的小学是妈妈任教的一所学校，尽管没有较好的学习环境和氛围，但很少有课外作业，我时常在不大的校园里尽情玩耍，放学后总是带着一身泥渍回家，每天妈妈都要帮我洗干净我才睡觉。那时的我对艺术很感兴趣，妈妈每逢休息时间，就带着我骑着那辆红色的电动车在舞蹈班、绘画班、钢琴班、书法班、象棋班、乒乓球班等兴趣培训班之间穿梭，风雨无阻，不过这样的时光也很快就过去了。后来到了四年级，我随父母搬迁到常州武进，就读于湖塘桥实验小学，那里有和蔼可亲的老师，优越的学习环境，我的写作习惯也就慢慢地养成了。进入小学六年级和初中阶段，成绩成为学习生活中追求的目标，虽然我的父母嘴上说什么成绩不重要，学习到真正的知识最重要，但是他们的心里仍在意我每次考试的分数，于是我就把平时的作文，特别是每次考试的作文，当做作品练习，这样语文成绩不仅能得高分，而且也获得了潜心写作的快乐。

　　每个阶段，我都有几个真心相对的"狐朋狗友"，我们喜欢一起周末看电影，聊聊最近有哪些热播的电视节目和影视明星，很欢乐，很开心。不过随着年龄的增长以及不一样的际遇，有些人渐渐远离，彼此之间就没了最初的纯粹。在我记忆的最深处，永远珍藏着一副慈祥和善的面孔，那就是我的外婆，一位忠诚的人民教师。听妈妈说，外婆早年毕业于南京金陵女专师范学校，能写一手秀丽的钢笔字；当我知事时，外婆八十多岁，已经坐着轮椅，当时我不明白她对我的严格要求以及对事物的精益求精；可当外婆去世后，回想起往事，我才知道她的良苦用心与无微不至的关爱。她的善解人意和积极向上的处事态度让我记忆犹新。谨以此书献给在天堂的外婆，以寄托我对她的缅怀与思念，但愿我能传承外婆的优秀基因，潜心学问，享受生活，感悟人生。

　　对我来说，能够把这几年写的作品汇编成一本书，是很有意义的。里面的文字记录了那段懵懂年少的时光，又如同一个个脚印，遍布我的成长之路，可以留给我以后慢慢回味。在此，感谢我的妈妈一直以来对我的呵护与陪伴，感谢武进湖塘桥实验小学刘小英老师和星辰实验中学方丹丹老师的指导和帮助，感恩一路上有你们！

二〇一八年十二月十六日于常州武进

目　　录

花样年华

扬帆远航

温情时光

浅闻小见

花样年华

一堂快乐的课本剧表演课

负荆请罪，这个故事大家一定都不陌生。这是将相和的第三个故事。深明大义的蔺相如，爽直磊落的廉颇，故事中的人物栩栩如生，惟妙惟肖。欢迎您来到我们六（2）班，看我们的表演是否把人物展现得活灵活现呢？

首先出场的是华雨茜她们组，杨苏嘉同学十分擅于表演，她把蔺相如的宽容大度表现得淋漓尽致：当廉颇就要跪下时，她当时的神情十分紧张，一把抓住廉颇的手，用自己全身的力量把廉颇一把拉起来了。虽然她们有些台词没有记得住，偶尔会笑笑场什么的，但是她们有勇气上台表演，就是最棒的！

令我印象最深刻的当属李杭同学的精彩表演了。她饰演的是廉颇，瞧！她正背着一根荆条，向蔺相如负荆请罪呢！她"扑通"一下跪了下来，大声地喊道："蔺大人，请您宽恕我这老迈昏庸的人吧……"顿时，班级的同学们哄堂大笑。

我也提起胆子，走上台前为同学表演了一番。我一开始特别紧张，怦怦乱跳的心快要飞出来了，生怕自己不能把角色表演好。我在表演时，没有任何的笑场，顺利地完成了这次课本剧。我认为，我还有很大的提升空间，继续努力！

　　我明白了一个道理，尽管有点微不足道，但却对我的成长大有帮助，即要积极参加各种活动，陶冶情操，让自己的生活更加丰富多彩。

一个默默奉献的同学

他，在班级里的成绩不太好，但却成了我的好朋友，他经常为班级服务，默默地为班级做出贡献。大眼睛，挺拔的鼻子，可爱的小酒窝，还有那颗黑色的痣点缀在眉毛边，令人难忘，他就是活泼开朗的周骋。

在植物角中，花儿分外美丽，植物充满生机：吊兰顽强地活着，吸收着阳光，吮吸着雨露；绿萝茂密的枝叶躲在盆子中，一层接着一层，十分翠绿。那么美丽的花朵，我们怎么忍心它们枯萎呢？每天放学，他总会留在教室里，用自己瘦小的身躯搬来一盆又一盆的水，娴熟地把一盆盆水慢慢洒入花盆中，让每一盆花都喝饱了水，又小心翼翼地把花盆排列整齐。接着，他又轻轻地把花搬进教室，生怕把里面的泥土洒到外面去。就这样，他对花儿一次次地小心呵护，每一天，花儿都享受着如此优越的待遇。

花儿不仅享受着如此好的待遇，整个班级也是如此，他总是积极踊跃地参加各种劳动活动，无私奉献。

又是一次大扫除，同学们都无力参加，而周骋一把放下作业，举手参加大扫除，他总是认认真真地完成任务。

他，就是那默默地为班级服务，为班级奉献，永远拥有一副热心肠的他——周骋同学。

扔 沙 包

扔沙包是中国一项古老的游戏运动。在综合实践课上，我和同学们一起"探究"了这个游戏的"博大精深"。

一开始，我们毫无头绪，瞎扔扔，瞎玩玩，后来，我们经过反复讨论，便开始了游戏。

我们组共有六个人，分为两组，每组三人，在每一组中，两个人站在一旁，作为"前锋"攻击，但不能动脚，另外一个人则站在中间，作为"活动"的防守员。首先，由我来"应战"，防守员也不是那么好当的。对手那儿飞来一个沙包，我身子一闪，便躲了过去。我们这也是"高手如云"，他们一扔，便打中了要害。由于经验不足，对手使了个"杀手锏"，我应付不过来，便认输了。

最搞笑的就是陈书裕的"精彩表演"了，有时，飞过来一个沙包，他一个踉跄，差点"扑通"摔一跤；有时，一个沙包横空袭来，他机灵极了，一蹲，手撑在了地面，虽然沙包躲过去了，但留给了我们一幅丑陋的姿态，眨眼一看，那陷在脸部的两个酒窝，想起来就要笑。

"扔沙包"，"扔沙包"，没有"扔"的过程，怎么玩呢？我也尝试着扔了扔。

　　我的手拿着沙包，从下往上一扔，沙包被我抛上了天空，不一会，便急速地落了下来。在这一次又一次的运动过程中，我揣摩着找到了技巧。我把沙包高举头顶，使出全身的力气向前一扔，充满了力量。

　　不知不觉，下课的铃声响了，而我们却仍然意犹未尽……

奔　跑

　　奔跑，是一种理想，而我却认为，奔跑是一种毅力。

　　明媚的阳光普照在大地上，温暖着我的心。我兴致勃勃，来到青少年宫学习打乒乓球。学习打乒乓球前，我们首先要热身一下——跑步。

　　一开始，前面的人跑得很快，我也一个劲地往前赶。过了一会儿，我稍有点累了，但还是扯着腿往前跑。十几圈过去了，我气喘吁吁，可老师却始终也不喊停。我的腿又是酸又是痛，不知如何是好。心口开始阵阵发痛，这时，我只能放慢脚步，跑跑又走走。我心想：这个老师也真是的！怎么还不叫停啊！要整死我呀！我转念又想：对我而言，这算得了什么，还是继续跑吧。

　　我的胸口越来越痛，腿也越来越酸了，我时不时捂住自己的胸口，拍打自己的大腿，但是，我仍然在奔跑着，在木板上奔跑着，不顾一切地奔跑着。

　　当老师叫停的时候，我一骨碌地瘫在了地上，心跳的"怦怦"声清晰可听，我可不能被这点困难所吓倒，我撑着地，迅速爬了起来。

　　这跑步算得了什么！只要毅力之花处处开放，凡事都可以成功!

在我心中,此时只有一个念头,那就是不断奔跑!

因为我相信,跑步是一种毅力,通过奔跑,也能跑出属于自己的一片湛蓝的天空!

小小艺术家

瓜子脸，小眼睛，还有那头长长的浓密卷发，怎不让人联想到这是一个艺术家的形象。这正是我的好朋友陈家桉心中的理想形象。他精通书法与绘画，认识他的人无不啧啧称赞。

在他的绘画作品中，有一幅画深受我的喜爱。那是一幅"深幽兰花"图。乍一看，咦？怎么全是一些黑色的条子？仔细一瞧，在黑色的条子中间，还画着一朵又一朵的兰花。噢，原来那黑色的条子是那绿色的枝叶啊！那黑色的条子刚劲有力，在上端，还显而易见一个锋利的尖子呢！在枝叶浓密的地方，也就是兰花的根，画者还稍稍用灰色点缀一下，可真是画龙点睛啊！兰花，所谓的花中君子，在这幅画中，表现得淋漓尽致。这幅画无论是在画工，还是在思想创意上，都可圈可点。

那么好看的画不是吹出来的，而是练出来的。他对待书法也十分严谨，精益求精，想让一个字变成完美。

一次，我观赏了他练字的过程。当时，他正在练习一个"默"字。那个"默"字入木三分：四个点充满了力量，一捺轻松收笔。然后，他眯着眼睛，目不转睛地盯着那个刚出炉的

"默"字，沉思了一会儿，喃喃说道："这个捺有点长了吧。"于是，他就又拿起笔来，再写了一个"默"字。

书法与绘画，都是艺术的象征。陈家桉就是一个小小艺术家，他那精益求精的精神使我们都对他赞叹不已。

励志，从长跑开始

长跑，每个人对它都有不一样的感受。我认为：励志，从长跑开始！

那是在一节体育课上，当老师下达命令，让我们跑 400 米的时候，同学们都目瞪口呆，都小声议论："什么？跑 400 米！要我们命啦！"我也不例外。

一开始，我们几个女生排在一排，整整齐齐，老师把哨子含在嘴里，只听一声"吁"，比赛开始了。几个大个子女生跑在了前面，抢到了道，落下我们几个矮个子的，之后可能是体力的原因，大个子的女生渐渐慢了下来，我顿时加快了速度，超过了她们。

可事情并没有我想象的那样如意。跑过了半圈，我嗓子里多出了许多的痰，难受极了。之后，我感到腿又是酸又是痛的，多么想带一双翅膀，飞到终点；多么想一下子躺在地上，放轻松，好好地休息一下……

一圈过去了，我的胸口越来越痛，腿也越来越酸了，可是，我没有放弃我的初衷，时不时捂捂胸口，拍拍自己的大腿，心中只有一个地方：终点。冬天的风儿格外凛冽，吹着我的脸庞，脸红扑扑的，也凉飕飕的，可我没有放弃，不顾一切地奔跑。

　　马上就快到终点了，脚上穿的球鞋变得格外笨重，可我感到有一缕温暖的阳光照耀到我的身上，我第一个越过了终点线，感到格外自豪，我像与世界一起握手，与花草共同舞蹈，兴奋极了！

　　长跑，是一项花费体力的运动，它可以磨炼我们的意志，所以，励志，可以从长跑开始！

不止一次，我努力尝试

　　为了你，我可以努力尝试，不止一次。

　　炎热的午后，无休的蝉鸣扰乱着人心，苦闷和不满都写在了脸上，友谊的小船真的说翻就翻？怪我，都怪我。我幼稚，我愚昧，我的一句话也许就会让你感到失望。很烦躁，聊天窗口跳出了你一句句犀利刻薄的讽刺，针对我的软肋，暗含你的苦衷。你说我太固执，太倔强，太个性，而我，无不一次次在努力尝试，尝试着去改变自己，相互磨合。

　　那是很久以前的事了，青涩无知的我们也曾会为各自的兴趣爱好而互相取笑。你喜欢追求，追求幸福，追求美好，所以你很上进，你会为了你挂在嘴上的男神而付出自己的努力。而我看来，你也会被韩剧中的纯情深深打动，会朝着屏幕中的韩国欧巴呆呆地犯花痴。而我，却不一样，我比较现实，我从来不会主动追求美好，而是沉浸在现实的残酷中无法自拔。我更倾向于阴暗，倾向于这个凶险的世界，所以我会叛逆，会与众不同。一次的无心之失冒犯到了你心中至高的追求，长时间的冷战让我很是郁闷。我害怕我会失去一个知心的朋友。所以，我努力尝试，尝试着去接受你心中追求的美好。

　　我努力尝试，为了你，为了一个我完全信任、完全依赖的人。

我开始慢慢熟悉你，学着走进你的内心。我开始尝试改变我的兴趣方向，一直在了解你所喜欢的，你所追求的。或许，这样做只是表面上的迎合，但我一直都在努力尝试。

我把你所说的话牢记在心中，我有很多不足的地方，我会努力去克制自己，放下所谓的虚伪和高傲，你我之间只有两颗诚挚火热的心。

友谊的小船不会说翻就翻，起码我还在努力尝试，不止一次。

进入了初秋，天气微凉，秋风徐徐，一叶扁舟在微波的湖面上悠悠飘荡……

它不会翻，因为有我的真心和努力。

等　待

长椅的一头，独留我寂寞的背影。我到底在等待什么呢？

匆匆的人流从我的眼前闪过，一个人的时候真的很不自在。哦，原来我在等待我的伙伴。她怎么还没来？我非常焦急，一直在胡思乱想。看着周围人群大多三五成群结队奔向目的地，我更是心烦意乱。我来回踱着步，数着秒，打发着时光，只是为了等她——一个向来守时的她。等她等到有些心灰意冷，我选择了静静地坐下，好好地享受阅读，而不是消遣。我拿出了身边的一本小说，我最喜欢的一本小说。我翻开扉页，赏心悦目，接着在美好的故事情节和玄幻的意境中继续等待。

"等很久了吧。"我抬起头，看见了长椅另一头的她。我没有说话，只是会心地一笑，拉起她的手，走向我们想要去的地方。我喜欢待在电影院，红排黑幕，只需要静静地欣赏电影，在这个过程中享受等待。就像刚刚看的那部电影，我们一直在等待，等待着屏幕上投出第一片亮光：期待着故事的展开；等待着心仪男主角的出现，少女情的泛滥溢于言表；等待着故事情节的发展，抑或欣喜，抑或悲伤。一个又一个镜头闪过，我们一直等待着，等待着结局。片尾曲的最后一个音符回荡在空旷的大厅里，曲终人尽散，终于，带着等待的我们离开了。

人生又何尝不是一部部电影，我们永远在等待。

我到底在等待什么呢？其实我也不太明白，也许等待的是属于自己的结局。

但是，我们在等待的过程中，不能去做些什么去改变、去调节吗？一个人的时候，要学会享受寂寞，学会等待，主动找点事儿去做，在等待中沉淀自己，丰盈自己，总比空想浪费时间有用吧。时间是自己的，为什么不去把握住珍惜好呢？

静静地，我等待着你的到来。

我，不留遗憾。

符 号

在我的童年记忆中，那一抹阳光，在不经意间成了特殊的符号，留下了不一般的旋律。

我只记得户外总是我最向往的地方，而家门口旁的大树却是我最留恋的角落。在我的童年记忆中，每一天都是晴天明朗，每一刻都是趣味无穷，没有烦恼，没有顾虑。唯有欢乐的符号，在我的心里游荡。我喜欢那阳光，虽然会在燥热的气氛中更加刺眼，但还是会给我带来不一样的感受。

"树荫底下好乘凉。"我长大了之后才知道为什么会这样。树叶之间还有空隙，阳光就像是我的记忆一般，过滤得只剩下美好的精华，落在地面的光斑被映衬得格外闪耀。身旁一起玩耍的，是邻居家一个小男孩，我模模糊糊地记得好像叫作"龙龙"，并不比我大几岁，但却总会像哥哥那样照顾我，关心我。我们呆呆地站在树荫下，阵阵热风吹过我们的耳畔，脸上泛起淡淡红晕。我脑子里跳出的灵感，二话不说，一会儿故意遮住光斑，一会儿又设法躲避，跳跃，旋转，此刻阳光就是我童年回忆中的生活符号，流淌着欢乐与自由。

热气还未散去，夕阳西下，这也是最惬意的时光。那时的影子总是又细又长。水泥地上，我和龙龙的影子清晰可辨。

"我们来踩影子吧。"在别人的眼里可能显得幼稚单调的游戏在我们的眼中却充满乐趣。我踩到了你的头，你拖住了我的尾……我特别喜欢，特别享受一起玩耍的时光，不亦乐乎，待到夜色初露的时候，仍然舍不得离开。脑子里回忆着和龙龙哥哥玩耍的场景，我扑哧一下笑出来了，心里暖暖的。阳光是我和龙龙哥哥友谊的符号，我爱惜，我珍藏。

阳光透过栏杆照进阳台上，我和妈妈坐在小板凳上，手捧着《三国演义》，一字一句地朗读过去，什么也不懂的我也会觉得心烦意乱，此刻阳光洒在泛黄的书上，在我印象里留下了深深的烙印。

回忆里，阳光是我的全部，因为那是我童年生活的符号，是我拥有过且珍惜着的美好。

我眼中的色彩

橘黄色的灯光落在泛黄的相册上，那份回忆其实很美好。

盛夏，天气燥热，可掩盖不了离别的惆怅。午后，我们最后一次兴致勃勃地聚在一起，依旧谈笑风生，毫无顾虑。透过窗外，我发现整个世界都很枯燥乏味单一。大太阳把空气中的每个分子都染成了橘黄色，我讨厌这个颜色，它让我烦闷。

最后一次排着列队到学术报告厅，空旷的舞台上，只有你我心跳的怦怦声。灰暗的大厅里，角落闪起的几束灯光，泛着淡淡的橘黄色，把离别前的我们渲染得那么无奈，那么难堪。我们最后一次，最后一次能够团结起来，太多不舍在心灵间萦绕。我还会有自己美好的幻想，说好的永远不分离。

我偷偷地翻开自己的相册，记忆深处，慢慢地散发着甜蜜，橘黄色成为我生活的主色调。校园里，每一处角落都留下了我的足迹，我仍会记得那个燥热的盛夏，阳光无情却又温柔地为我的生活涂上了颜色。相片上，微微泛黄的背景，幼稚的脸庞，不变的是那颗纯真的心。学术报告厅内的灯光温和却又刺眼，更是刺痛了我不愿意离别的心。脑子里的回忆溢出都不嫌多，我的眼眶微微湿润。

画面和时光仿佛永远都定格在那一刻，我眼里的色彩也仿佛有了非比寻常的意义。

　　我曾厌恶那橘黄色，因为我觉得它虚伪，只是为我们不愿意接受的离别披上一层面具。其实，我得感谢橘黄色，感谢它让我的内心更丰富多彩，感谢它让我不再悲伤。我起码还有橘黄色的回忆，只属于我的独家记忆。

　　初晨的那抹阳光偷偷地钻过窗帘，我睁开双眼，迎接新生活新世界的拥抱。

看似平常

夕阳中的那一抹云彩，看似寻常，却非同凡响。

下午，无论是在教室里埋头思考数学题，还是在静心品读名著书，抑或是大声背诵英语单词，我总会忍不住地看向窗外，天空已不再是湛蓝一片了，被渲染得红彤彤的。坐在窗边的我伸长了脖子，想要从枯燥、乏味的学习桎梏中挣脱出来，欣赏美丽的夕阳。远眺，圆盘似的太阳渐渐地消失在视野之中，虽已远去，但却给我们留下了非同一般的感受，一个美妙、安静的夜晚随之而来。

待到夕阳西下，我们才可去吃晚饭。大家都疯了似地冲进食堂，分饭，分菜，时刻都不敢怠慢，那浪费的可是我们挤出来的空余休息时间。吃饭时，我还不忘和同学说说闲话，聊聊八卦，抱怨学习生活。

晚自习，只有作业的陪伴。老师早早地就把作业布置下来，不善于整理书本的我也早就把试卷摊在桌上，书本叠得老高了。我想与要好的同学坐在一起，却多次被老师拒绝。规定时间里要做规定的事，这是老师的原则。看着同学们多次颠倒时间被老师批评、惩罚，而我仍然我行我素，做着自己想做的事，侥幸的是，每次都逃过一劫。

闲暇之余，我望向窗外，天已全黑，没有了夕阳，没有了快乐。

在家里，妈妈曾多次和我谈判晚自习到底该何去何从。自身被束缚，时间被控制，成绩提升不了，我也多次纠结，心中徘徊着对残阳的留恋。

西边夕阳中的那一抹云彩，看似寻常，但却给那枯燥的学校生活带来快乐与美好，给我非同一般的感受。

距 离

呆呆地望着天空，静静地回忆过去，蓦然间，我才发现，我们的距离其实很远很远。

路过熟悉的街景，一幕幕熟悉的画面——在脑海中浮现，殊不知在楼道转角处，竟仍能和你重逢，如此惊奇，如此怀念。"好久不见。"句句寒暄挂在嘴边，却很难吐出来，我努力拉近你我之间的距离，却发觉越来越远，无法弥补。尴尬，苦闷，充斥其中，你能走向我吗？我又能重新靠近你吗？

你变了。变高了，变瘦了，变好看了，变得不像从前了，也变得我有点不认识你了。还记得很久以前，我们之间的情谊毫无隔阂，距离也就如同海和沙滩，我欢乐地走向你，你也欣喜地融入我。原本活泼外向的你，在小升初的分离后，也变得有些沉默。不同的学校里，我们都遇到了不同的人，在同样的岁月春秋里，享受着不同的车水马龙。这样的距离就如同海与鸥，你喜欢飞翔，而我却选择奔腾，在不同的视角中，对新鲜的一切都做出自己选择的改变。

在记忆里，我看清了曾经幼稚可笑的自己。我们都长大了，有很多事情都改变了，说好的天长地久如今也烟消云散。这段距离也让我认清了现实的残酷所在：曾经亲密的两人，终归会在无法适应彼此中渐行渐远。

有人说："距离产生美。"可我害怕的是距离只会让你离我越来越远，就像海和它想够却够不到的礁石。起初潮涨时，热情也高涨，海水奋力向前奔跑，渴望去触碰你的温度。可你却屹然不动，不理不睬。潮落时，无奈和失望，距离越来越远，我早已看不到你了，你也迟早会忘了我的。

正是这样的一段距离，我们之间只有沉默、安静、无言。微微一笑，又是一别，不知何时能再次相遇，渐渐地，失去了联系，一段距离，一段回忆，一段不堪的美。

空气中微微湿润伴有自然的味道，如此惊奇，如此怀念，熟悉的场景，熟悉的人，终将曲终人散，距离也会拉开你我的心，再也无法靠近。

在悔过中追忆，天空还是那么蓝，抓住彼此，不让距离造成遗憾！

看 见

　　你出现在我的目光中，时间短暂，蓦然回首，你已不在灯火阑珊处。

　　仿佛一切都是上天安排好的那般，我必定会和你相遇。我在一个人的时候，总会不停地观察周围的事物，发现一些平常发现不到的人与物。看见你，其实很幸运。宽阔的空间里，人不多，直觉告诉我，你会朝我走来。我好像是扫过每个人去寻找你似的，终于，你出现了。我看见你陌生的面孔，却莫名有种熟悉的感觉。依稀留有着的轮廓，还是那般俊美，引人注目。你走路的姿势没有变，还是那副玩世不恭的样子。能看见你，真是难得，我欣喜得想要拍拍你的肩膀问一声好，但却在踌躇中后退了脚步。

　　上天下的那步棋，你我都不会想到。我看着你，低下头，专心致志地盯着自己的手机，时不时地滑动一两下，时不时地露出笑容，反正，你没有看见我。你一直低着头，我站在那里，感觉很难堪。我该不该去打招呼？他不是我认识的他怎么办？我去了他却认不出我了怎么办？我叫他他不应我怎么办？……一切的可能都在我的脑海一掠而过，我选择待在了原地，看见你，有点遗憾。

　　上天玩弄人的把戏总是一套又一套，耍得我们无奈又无情。我一直看着你，你放下了自己的手机，抬起头，看向了周围。我真的不想再错过些什么了，满怀期待地伸出了手臂向你挥去，我看见你的眼神扫过了我的影子，可是却没有停留住。我尴尬地放下了手，低下了头。与其被你看见，还不如不看见，期望越大，往往失望也越大。看见你，其实我很失落，有些后悔。

　　转过头，你出现在我目光的最后一秒，也转瞬而逝，你消失在了人群中，再也找不到了。

　　在回忆之城中，那些努力追也追不到的人，也只能随风而去。多看看这个世界吧，你可以看见你想看到的人的。人来人往，车水马龙，尽享世间繁华，尽享每一次相遇，尽享每一次看见。

　　望着你渐行渐远的背影，惆怅，我也默默地背道而行，没有期待。我低下头，拿起手机，在其中寻找所谓的那个真实的自己。

　　你消失在我的目光中，你已不在那，看见也只是空想罢了。

群

瞧，这一群人。

群，拆开来便得一"君"与一"羊"，所谓"群"，即为一君引领着群羊罢了；或说，群羊漫无目的，只随君的引领下生活，虽无忧无虑，却毫无趣味；或说，群羊个性鲜明，总能耍出不同的花招，与君充满斗争，欢笑声亦争吵声，这样的生活，不会悠闲，不会欢乐。

班级里总有组织不少活动，而大多数也是被分成学习小组的小群体团结作战的活动。这次举行的又是小组知识竞赛，听说有奖品，大家都争先恐后，跃跃欲试。先是选出两位代表答题，这就引起了很大的"分歧"。

瞧这一群人，刚刚报到小组的名字，就都迫不及待地站起身来，向主持人投来期待的目光，被选中后，又信心满满地作充分的准备，个个都下定决心，许愿自己实力爆棚，摘取桂冠。瞧这一群人，事不关己，高高挂起，只顾埋头完成家庭作业，现在的他们，生怕被找什么麻烦。瞧这一群人，三三两两地聚在一起，头凑在一起，轻声细语地不知道在说些啥，时不时捂住嘴也能笑出声来，看得好不想加入他们。还有一群人，就是像我们这样的一群人，在别人的怂恿之下，在内心的踌躇之中，艰难而又缓慢地站起来，仿佛肩上背负全组名誉的重任，却无所畏惧。

　　比赛还没开始，我们就不知不觉被分成了几个小群体，虽身在同一组，但我们的思想神游到了各个角落。我站在座位旁，呆呆地看着题目，不知所措。还没待题目读完，就早已有人抢先说出来答案，我只是脸一红，低下了头，默默地坐回位子，心里五味杂陈，更没那闲工夫去管其他的群体。

　　瞧这一群人。在群中，有嗤嘘声，也有赞扬声。与其说群羊的漫无目的，更不如说君的软弱无能。天生就弱的群体，又怎能轻易地驾于他人之上呢？说来也很讽刺，没有付出，哪来的美好结果。

　　不同的群是由你内心深处的声音指引着你选择的，不同的选择，不同的结果。瞧这一群人，这次我们失败了，但下次一定能成功。

这儿，也有乐趣

　　换位思考，其实这儿，也有乐趣。

　　曾几何时，我试问过自己，到底什么才是真正的乐趣。现实的人生有时警示着我们自由不会有好果子吃。快乐仿佛是写在别人脸上的，只有别人快乐，你才有资格一起快乐，看着别人笑呵呵，自己的乐趣才不会显得奇怪而突兀。

　　到底什么才是真正的乐趣呢？

　　枯燥的学习生活让我们期盼的往往就是体育活动课了，充分的自由空间和可自我安排的时间规划可以让我们好好放松一下。像往常一样，成群结队，七八个人围在一起，四处闲逛。此刻，知心朋友的相伴或许是最大的乐趣。无论是新闻娱乐，八卦闲趣，还是最近生活中的学习压力，抑或是情感纠葛，都成为我们的谈资。可是，你一句，他一句，聊的都是些我不知道的内容，谈的都是些我不感兴趣的话题，我一无所知，夹在中间，心中五味杂陈。

　　环顾四周，你们肆意不羁的笑声与打闹，你们挂在嘴角的快乐，让我看得很是羡慕，应和的笑声在其中显得很是不自然。的确，知心朋友的相伴是一大乐趣，可是拷问一下自己，这样是真正的乐趣吗？

不是，这根本不是我想要的乐趣。

静下心来，沉思。换位思考一番，其实在这儿，也有乐趣。

这儿，只是属于我一个人的秘密空间，不大，但的确充满乐趣。这儿，只允许我一个人进得来，出得去，不公开于其他任何人。这儿，分享着我的喜怒哀乐，记录着我的爱恨情仇，承载着我所有的秘密与快乐。

这儿，随处随时随刻即有。因为这儿，是我的内心世界。

回忆，整理，分析，在这儿，总会找到事情做，删除悲伤，删除孤独，快乐在脑海中一一掠过。不经意间，我嘴角微微上扬，就像内心开出了那棵向阳的葵花，照亮了我每一处黑暗的角落。此刻，乐趣在这儿，充溢在脑海里，藏在心底，流淌于血液之中。这种乐趣，是哪儿也体会不到的。

环顾四周，你们在笑，我也在笑。

的确，身旁有朋友的陪伴，但是自己陪伴的，只有内心的孤独。在孤独中，在寂寞里寻找乐趣，追寻乐趣，你想要的都会在这儿，这儿会有你中意的。

到底什么才是真正的乐趣？

孤独即是最大的乐趣，真正的释放和自由。

快乐是自己的，人还是要活出自己的快乐，活出自己的追求，活出未来和光明。

原来，这儿，也有乐趣，会有这么多的乐趣。

真没想到

有些事情，虽然发生了，也不会想到，不会想到会是这样。

校园里，熟悉的是两边的街景，期盼的是身旁如影随形的你。无数人踏过这片青青草地，同时也留下了我们的足迹。重温，怀念，脚印是否还会重合，擦肩而过之后留下的只有冷漠。一切都还回得去吗？

真没想到，一切都太迟了。

我也不知道，是什么让我们走到了一起，很简单，很普通，没有什么特别的目的，只是觉得和你待在一起会很快乐。你很上进，我们互相学习，互相竞争，有着共同的目标，谈着共同的未来和理想。我知道你是一个情感细腻的人，很会照顾别人的感受，在我孤独时伸出双手，在我低落时给予温暖。

可是突然，一切都变了。只是因为小事情，很小很小，微不足道的事情，引发了我们之间"强烈"的争执。没有对错，没有输赢，只是无厘头的倾诉，真没想到，我们之间开始疏远，互相嫌弃，互相厌恶，教室里偶尔的对视是如此的尴尬，长时间的冷战也没有个结果。真没想到，你和我，都还是变了。

没办法，还是以"绝交"告一段落。从那时起，我没有再去找过你，没有再去介入你的生活。一切都如往常一般平静，平静到我不愿意也不忍心去打破它。也许和你待在一起的时间久了，关注与关心早已成为了一种习惯，我每次听到别人提起，嘴角总是微微上扬，苦笑道："我很好。"

不是没你不行，而是有你更好。我承认我是一个倔强的人，一个恋旧的人。一切都还回得去吗？我抱着期待，抱着对过去的怀念，抱着一丝对未来的祝愿，鼓起勇气，做出了自己的决定。

不经意间，我轻轻地拍了你的肩膀，你转过头，那抹笑容带着苦涩的滋味，我品得出，那之前幼稚无理的崎岖，或许成了不可逾越的阻碍。我仿佛看透了些什么，看懂了些什么。

"我们和好吧。"

"一切随缘，一切自然，一切开心就好。好吗？"

真没想到，话音刚落，我的泪滴落下来，浸透在我用心回复的纸条上，渲染着的墨迹漾出了花的模样。

真没想到，会是这样的结果。

三年的时光伴着友谊真的过得很快，在不知不觉中悄悄流逝，为什么要去做一个烂人，为不值得的事情而苦恼？为什么不把握住拥有的，别再为将来的失败埋下伏笔？为什么不正视自己，正视一切，正视所失去的？

都这样了，我真的没有想到，一切都太迟了。

走过了三年的街道，踏过了三年的春秋，回顾过往云烟，它和你一起冲着我微笑，冲着我招手。

重拾春风

　　一片落叶嵌入湿润的泥土间，我弯下腰，拾起，掸去斑斑尘土。春风轻拂脸颊，总是飘荡过去，重拾它，它依然紧握于掌间，化作一股自信的力量，给予我无限的动力。

　　萎靡的时光，萎靡的自己。春天，阳光明媚，可我却嫌它刺眼，挠着我慵懒的双眼，始终睁不开来。梦里的那个春天，仿佛是我的骄傲，回望辉煌成绩，挂在嘴边的微笑和自信最后也只能被现实所打破。八年级，的确是个分水岭，把原本七年级那个最优秀的我硬是拽到了金字塔的最底端，再也找不到原来属于自己的位置。

　　"这个学期，你怎么不是百优了啊？""没错，我不是。"没错，就是因为这个春天，我毁了我自己，一蹶不振。心思太杂，太烦，压得我喘不过气。又是一节数学课，汤老师在讲台上声情并茂地向我们展示数学的魅力所在，而我却始终不屑于这些。一再固执地认为我的数学水平是不差的，考试时是没有问题的，所以，我总是低下头，偷偷拿出桌肚里的小说，时不时地翻看着，故事里主人公的正直和情节的烧脑可比数学思维有趣多了，入眼的文字比老师写下的数字还多。就这样，一节节课过去了。没想到，我如此荒唐，如此颓废，这个春天的自己，就是这般模样。

"你考什么高中啊？""不知道，没想好。""那我们一起考前黄吧！"前黄？可是我八年级没学好啊…我愣了一下，看着你炯炯有神的双眼，突然有一丝的落寞和心酸。"好的。我们一起加油！"眼眶内你自信阳光的轮廓格外清晰，同时也映照出我的麻木与卑微。

前黄？我真的可以吗？我一次又一次地怀疑自己，同时又一次又一次地坚定自己，我不该是这样的自己。我明明有足够的实力，但为什么不尽全力做到更好？可笑与不堪的过往，始终是一面明镜，告诉我们该如何面对，如何选择。

春秋轮回，又是一个春天。如今的春天，是最重要的春天，我希望也是最刻骨铭心的春天。九年级了，该收收心了，该好好学习了。同样的教室，同样的课堂，可是不同的是自己，总会有不同的结果。全新开始，重新做人，我可以做得更好。

在数学课上，我戴上了久违的眼镜，拾起有些荒废的大脑，思维跟随着老师的粉笔在黑板上旋转计算。"兴趣是最好的老师。"虽然听起来有点吃力，但是起码我认真了，我付出了，我不留遗憾。日复一日，月复一月，每节课就这样付出，我相信，一切都会好起来，都会回到那年春天，回到那个最优秀的自己。

前黄，是我的目标，是我们的约定。春寒料峭，危机与考验正在一步一步地逼近。做回自己，重拾春风，相信未来，我可以做到！

好好学习，只要学习。前黄，奋斗，就如一股暖暖的春风，流淌于我的指尖，刻在我的心底，化作一股暖流，化作正义与积极，化作自信与兴趣，捧着我，朝更高、更远的彼岸前进。

走，到另一个地方去

走，到另一个地方去，去看不一样的世界。

教室里方圆四角，处处都有各自的圈子，不是很大，但总有新鲜，这也要取决于周围同学的态度和积极性。我的座位不是很偏，在教室的正中位置，稍靠后，也算是个"好位子"，但"好位子"同样取决于周围同学的态度和积极性，每天学习的坚持，不仅仅靠自己的坚忍，更需要周围人的鼓励。

好不容易，数学课的下课铃终于在声声哈欠中响起。悦耳的铃声，仿佛是一种久违的解脱，是困倦和死板的熏陶下唯一的解药。听一节课下来，我真的很累。还沉浸在老师课堂上遗留下来的疑问中，我转头一看，不论是桌上还留着笔盖还未合上的笔或红笔墨迹还未风干的试卷，还是一排排齐刷刷的头趴在桌子上，都悄无声息。此时，好好打一盹，比什么都重要。环顾四周，的确，空荡荡的一片。埋下头，的确，我很落寞，很孤单。可是抬起头，黑板上还清晰地留着老师数学课上授课的痕迹，一环扣一环，复杂且令人费解。的确，这个地方不太适合我。

走，到另一个地方去。

站起身，径直走去。哇，标杆生又在做作业，难怪成绩会这么好。不出意料，两三个人围在那一个地方，手舞足蹈，不知在争论些什么，举止说实在有些滑稽可笑。带着深深的好奇心和求知欲，我忍不住凑了过去，想探个究竟。"这道题还可以这么做的啊……""哇，这么偏的方法你都能想到，太厉害了吧！"侧耳一听，原来是这样。这个地方竟然会有这么酷的方法，真是不简单。空气中思维的翅膀在不停地旋转、跃动，这种新鲜、灵活的气息，让我不愿离开。"这道题该怎么做啊？"我忍不住发问，这道困扰了我很久但不算很难的题目，一直在我的心里萦绕。没有一呼百应，但总会有个应答。"我是这么做的。"先闻其声再知其人。声线不算清澈，但也不是很低沉，伴着阵阵的停顿，我知道是你。画图，生动形象，又是一个深邃魔力的世界。

时间很快，但在我们的指尖却滑得很慢。在这个地方，短短的十分钟课间休息时间里，我竟收获了那么多。

走，到另一个地方去。当你感到孤独、惆怅的时候，到另一个地方去，去寻找，去发现，去一个不一样的世界。属于自己的，适合自己的，才是最好的。

采一朵彼岸花，插于内心的土壤，岂不知，生根发芽，悄悄开花，朝着正确抑或错误的方向，得出期待抑或失落的结果。

做出自己的选择吧。到另一个地方去，去看不一样的世界。

风 景

漫漫途中，走走停停，殊不知最美的风景就在身边，在脑海中，在眼睛里。

过了好久好久之后，才能恍然大悟，原来回忆里的风景，永远都是无法勾勒，无法重新演绎的旧时光。

现实生活中的我们，总是会把时间花在手机屏幕里的虚拟世界中，唯美的画风与简单的情节，仿佛一切都是令人向往，让人追求。那些似乎可以填补内心的风景，也在不经意间牵动了那根最脆弱的情丝，在旧时光里像樱花一样飘落回原点。

或许是最后一次的相逢，所以格外清晰，格外珍贵。那天，天空干净得像一张纯净的白纸，又留下了云飘过的痕迹。在远处我看到了坐在长椅上好像在等待的你待在风景里，像画一般，安静又迷离。公园里寻常的设施，熟悉的场景，蓦然间定格在陌生的时空，保存在落寞的角落里。

由于是冬天，使劲揉搓却仍然冻僵的双手倏忽间变得炙热，当我大声叫出你的名字时，哈出的热气逐渐消散，你转头的瞬间不陌生，很难忘。天气依然很冷，连棉衣都抵挡不住的寒气渐渐在这风景中化为乌有，只留下熟悉的温暖。

你依然是我最信赖的好朋友，曾经的形影不离如今也不得不分道扬镳。和你走在小道上，我注意到水泥石板上丝丝条条的磨痕，注意到沿途草坪上枯黄的一片中星星点点的嫩绿，注意到木质长椅两端堆积已久的层层灰尘，注意到静谧的湖畔时而波动的涟漪，同时也注意到你澄澈的双眸中，有着最美丽的风景。

路边堆积起的黄叶尽管干枯，但好像很柔软，随着风的方向不断旋转，移动。我踩过还未干透的水洼，溅起的滴滴水珠融化在大地上，像星星一样与这里的夜相映。

落叶与风的相依，正如友谊与时光的守护，越清晰，越深刻。

回忆，是美好与幻想的草稿，更是现实与苦难的写照。在不复存在的旧时光里，友谊永远都是最欣喜的独家风景，在逐渐模糊的双眼中一次又一次循环播放。最美的风景，也许是那澄澈纯净的双眸，是那回忆里用友谊用点滴在岁月长河里铺下的无法勾勒、无法重新演绎的旧时光。因为怀念，所以美好。

漫漫途中，走走停停。风景就在这里，待你去发现，去珍惜。

走进生命中的人

那个人，有点呆，也有点傻，看起来又高又壮，可一开口讲话，就渗出一分稚气，让人禁不住想笑。

我和他是补课时认识的，和他并不熟，也不想和他走太近。

不知不觉，立冬了，冷空气肆意袭来。天气预报和母亲常叨叨着"最近降温，多注意保暖"，我还是我行我素，爱理不理。

冷空气似乎也降低了我的压强，带给我无限的怀念与伤感。我常常一个人走在寒风中，五官被控制住似的无法舒展，哈出的暖气扑在面颊上也转瞬间化为乌有，我的思绪也随着那一点余温飘向了天际，回到了从前。

我好像一直都活在过去，活在痛苦与失去之中。每次强忍着的泪水都会被偷偷抹掉，我一直怀念着早已逝去的只属于我一个人的美好。

于是，我拒绝接受其他人的安慰与好意。对其他人，其他似乎很不重要的人，我的冷漠像一堵墙，将自己的那份真心隔离开来。本身与我就不太熟的他在我失落的情绪中欲言又止，傻里傻气地跟在后面，不问缘由。

回到教室，我猛然发现桌面上多了一张纸，翻开一看，原来是他的。工整的字迹配上几点彩色的图画，还是那么幼稚。

纸上，他告诉我，他一直以来都把我当成最好的朋友，可是他发现他对我并不重要甚至被排挤。本来觉得以后一直都会是好朋友，可我一次又一次的冷漠让他心灰意冷。我没有好好珍惜，他选择了离开。

悄无声息，他走进了我的生命，正当他将要离开的时候。

一切都突如其来，就像一阵阵寒流袭过，如刀割般划过两颊，刺入心头。

每个人都似乎在追求些什么，一味地去触碰那无法企及的未来，成功也好，失败也罢，忽略的往往是恰在身边最平凡却最珍贵的美好。人总是这样，只有经历失去，才会倍加珍惜。

原来，看起来傻里傻气的他，也会有如此细腻的一面。原来，他表面上的活跃与开朗，实则掩饰内心的孤独。原来，我以前从未发觉过，他会这样走进我的心中。

试着挽留，和好如初。

诚然，有些事、有些人只是路过，过去的就全都过去了，值得珍藏的，是那份纯净的友谊，是那份长久的陪伴。

走进生命的人。

既然来了，就不要再离开了。

初夏的味道

初夏，简简单单，像梦一样牵绕着我的情丝。

漫步在林荫道上，我仿佛嗅到了初夏的味道，没有春天那自然气息的冲击，也没有秋天硕果累累的腻甜，略微有点刺眼的太阳似乎把光聚集到我的身上，灼热，但澎湃。

空气中微微湿润，带有丝丝泛甜的味道。原来是栀子花，不是绿丛中的，而是路人留在那条长椅上的。我带着欣喜和无奈靠近它，仔细端详，翠绿的叶子映衬着，米黄的花心镶嵌其中，尽管花瓣有几道枯败的痕迹，也依旧阻止不了它纯净的志向和肆意的馨郁。

好可爱，好动人。这是不是就像梦一样属于初夏的味道呢？

我习惯性地记录下它想分享到朋友圈时，无意间刷过的空间动态带来了有一丝伤感的回忆，熟悉的名字——闪动着，盛夏烦忧的消息频繁地出现在我的眼前，蓦然间，才发觉其实离别正在靠近。

心倏得一下落到了低谷，残忍而沉重。一切都像在做梦般，时光没有痕迹地抹过我们的指尖、发梢，或许会带来惊喜的出现，但很多的还是伤感和无奈。

近黄昏了，天空的半边霞光闪闪，像熊熊烈火在燃烧一样，把我的欣喜和激动烧为灰烬，只留下略有苦涩的味道。感慨时光流逝，抱怨离别的残酷，或许这是初夏的味道，是酸的，是我难以忍受的。

的确，一切都像梦一样，幻想着永远，幻想着未来。

眼前的栀子花依旧安稳地躺在原处，扑鼻而来的芳香把我带回了现实，没有想过它会衰败，它会枯萎，它会化作泥土，因为它现在的姿态是最灿烂、最辉煌的。正如我们一样，在美好的年华聚在一起的最美好的我们，即使离别在即，但是不要遗憾，因为它是梦，就属于时光，就属于坚强的自己和优秀的你。

惆怅间，我仿佛品出初夏的味道，层层褪去后，只留下最真实的果实。

初夏的味道，苦中带甜，它是努力的结果，成功的结晶。

初夏的味道，有点酸涩，渗透着离别的惆怅与伤感。

初夏的味道，像梦一样，馥郁，简简单单地牵绕了我的情丝。

扬帆远航

畅想六年级

不知不觉，六年级了，登上了新的高台，我们一定要更加努力，改掉自己的缺点，使自己变得更优秀！

说来，我是一个比较马虎的学生，每次都是差那么一点点就全对了，父母和老师都对我无话可说。五年级最后的期末考试，就更令父母生气了，英语就差了一个 0.5 分，就满分了。数学也是差了 1 分，就够满分了。六年级了，我应该更加地努力并仔细做完题目，认真地检查一遍，不能再粗心大意，更不能瞎做。我想，这是我要克服的一项缺点。

俗话说得好："饭是铁，人是钢"，其实，我的饭量也是很少的，所以我才长得那么的瘦小。妈妈也特别烦恼这个问题，整天拉着我来说："健康是学习之本，像你这样的不好好吃饭，你拿什么和人家比呀！你早已经输在起跑线上了！"我一定要好好吃饭，做一个健康的女孩，这样，才能更好地学习，成绩才会更好！

还有，当别人说了我一下，老师批评了我一下，我的眼泪就会像水龙头一样，"哗哗"地流淌个不停。我要振作起来，同学们的流言蜚语不要记在心中，老师的批评要多想想，牢记心中，认真克服不足之处，这样才能成为一个坚强的女孩！

六年级了，我一定要更加努力，让成绩变得更好！在新的学期，我还要积极地参加各种活动，陶冶情操，看更多的书，补充知识，积极发言，在课堂上练习表达能力，这样，就能更加优秀！

我不期望回报

给予了你，
我便不期望回报。
如果付出，
就是为了有一天索取，
那么，我将变得多么渺小。

如果，你是天空，
我乐意是白云点缀；
如果，你是碧草，
我乐意是雨水滋润。

如果，你是小舟，
我乐意是轻摇你荡漾的碧波；
如果，你是风铃，
我乐意是促你轻吟的清风。

人，不一定能变得伟大，
但一定可以，
使自己崇高。

我 能 行

我能行！我能克服困难！我能打败病魔！我还能……

这一天，在一个迷人的黄昏，我和妈妈一同来到了淹城公园，走了一天，也累了，便走到了草坪边，坐了下来，对面是一个叫"踩水"的项目。它是由许许多多的大小不一、形状不同、参差不齐的塑料泡沫板连接而成，漂浮在水面上，看起来就令人担忧。

看到这眼前的项目，我不禁想去尝试。说干就干！我胆怯地走到水边，艰难地跨上了第一个红色的塑料泡沫板，顿时，泡沫板立即摇晃了起来，我被它吓着了，猛地一跳，险些滑入水中。不会吧！第一次的尝试失败了，心里难免有些酸涩，但是，我不能放弃，我要坚信"坚持就是胜利"！相信自己，我能行！我战胜了那个可怕的心理，感觉自己变得豁然开朗了！我大胆地走上了泡沫板，一个箭步，我平稳地站住了！紧接着，一个，两个，三个……一个又一个的泡沫板被我跨了过去，每一次成功的跨越，就是一次积累经验的好机会，渐渐地，熟能生巧，我没有任何的忧虑，甚至可以在板上奔跑起来了，我不禁对这个游戏项目着迷了，玩着玩着便忘记了时间……

从此，"我能行"这句话常常挂在我的嘴边，几乎成了我的口头禅。不管是在学习上，还是在日常生活中，遇到困难，我总是对自己说"我能行！"

梦　想

　　梦想是人生的一个美好的目标，没有了它，人类就等于失去了活力与动力。我能没有一个梦想吗？

　　近年来，我国的雾霾天气持续不断，影响了人们的健康，因此，我想要成为一名国家环境卫生检查员。由于现在生活质量的提高和科技的发达，家里有一辆轿车早已是不足为奇，可大家有没有思考过，有了轿车节约了时间，方便了自己，可汽车燃料排出的尾气可以制造细颗粒物 PM2.5，从而导致人们发生呼吸道疾病。所以，我提倡大家少开车多走路。

　　梦想是风，行动是帆，实现自己的梦想从身边的一点一滴做起。在校园里，我不应该乱扔纸屑和瓜皮果壳，还要积极主动地把垃圾捡起，把它扔进垃圾桶。同时，为了培养自己的公德之心，我在公共场合不大声喧哗，注意自己的言行举止，有时，还需要制止他人的一些不文明行为……

　　其实，在生活中，还有许多的细微之处值得我们去留心发现。梦想是我们生命中至关重要的一部分，现实与梦想之间有时只有一步之遥，而那一步却是踏实认真的努力、坚韧不拔的意志与不知多少的精力与心血！

当我遇到挫折后

　　不经历风雨怎知彩虹的绚美？不尝遍酸甜怎知生活的多彩？如果凡事只有乐，那生活岂不是如此单调？如果做事只有成功，那这样的成功能绚烂多久？每个人都会遭遇挫折，我也不例外。"苦难是人生的老师，通过苦难走向欢乐"，这是我的座右铭。每当遇到挫折想放弃时，这句话一直在我耳边回响。

　　在四年级一次数学测验的那天，夏老师把分数写在黑板上，90 分以上：6 人；80 分以上：13 人；70 分以上：27 人……天哪，多恐怖的数字呀！当老师念到我的名字叫我上去拿试卷时，我鸡皮疙瘩掉了一地。我忐忑不安地接过那张熟悉而又陌生的试卷，一个刺眼痛心的分数：74 分！天哪！这是我有史以来最低的分数了！我觉得脑子里一片空白，感觉自己的心如给刀割一般。放学后，我走在回家的路上，天阴沉沉的，似乎要把大地吞没；风冷飕飕的，几乎要把那冷冰冰的心吹破。我紧揣这试卷，徘徊在家门口。回到家我把自己关到房间，准备放弃时，我想到了那句话，"苦难是人生的老师，通过苦难走向欢乐"。这句话鼓励着我，我加紧努力，终于走出了这片阴影。

　　失败是成功之母，无数次失败的激励往往会使人成功。失败并不可耻，可耻的是在失败后痛哭，一蹶不振。

　　寻找快乐，寻找希望！黑暗过去，黎明的曙光定会到来！保持一种乐观的思想，拥有一颗顽强的心灵，就能成就更好的自己！

快乐活在当下

"快乐活在当下，尽心就是完美。"这一句话是台湾著名作家林清玄老先生的名言。这天，林清玄老先生大驾光临，拜访常州，我们作为学校代表以小记者的身份去采访他，可真是莫大的荣幸啊！我的心底藏着许多话，等着一口气向林先生倾诉出来呢！

我坐在座位上，等待着林先生的到来，紧张、激动等复杂的心情交织在一起。没过一会儿，只见一位老爷爷朝我们走来，他脸上布满了皱纹，头发也微微泛白，可还是显得特别有精神，有活力。顿时，我那颗悬着的心平静了下来，难道这位就是大名鼎鼎的大作家林清玄？他竟是那么和蔼可亲！我们都瞧见了林先生，争先恐后地向林先生身边挤去，我也不例外。我多么想探出自己的脑袋，好好地去与林先生接触一下。

不一会儿，一位同学发话了，声声"林伯伯，林伯伯"叫个不停。而林先生却说了一句："叫林哥哥！"这句话使场上紧张的气氛轻松了许多。"您是否会有'活到老，写到老'的思想呢？"这个问题刚问完，林哥哥就非常耐心地跟我们讨论了他的看法，他毫不吝啬地向我们介绍他的生活："7、8岁的时候写500字，十几岁的时候写800字，16岁的时候写1000

字，现在，我也每天写 3000 多字，每天都会有新的收获。"

也许，这就是林哥哥的一生，在他的一生中，经历了各种坎坎坷坷，也让他活出了一种自由，活出了一种境界！他已跳出名利场，跳出世俗的生活，去追求另一种生活的散漫和优雅。这时，林哥哥在我的心中是多么的年轻，他的幽默风趣与他对人生的见解深深震撼了我。这一次，林哥哥已经成为我心中定格的那个偶像，给予了我动力！

……………

最后，林哥哥为我们湖塘桥实验小学致了一句话："快乐活在当下，尽心就是完美！"是啊！"快乐活在当下，尽心就是完美！"这一句话成了我生活的启示录，给予了我许多领悟。也许，这就是乐观的心态，踏踏实实地度过每一个昼夜，用生命证明自己！

那一次，它给予我的动力

"苦难是人生的老师，通过苦难，走向欢乐"，这是我的座右铭，它给予了我无限的力量。每当我遇到挫折想放弃时，这句话就会在我耳畔回响。

还记得是数学测验的那天，老师把分数写在黑板上：90分以上：6 人；80 分以上：13 人；70 分以上：27 人……天哪，多恐怖的数字呀！当老师念到我的名字叫我上去拿试卷时，我鸡皮疙瘩掉了一地。我忐忑不安地接过那张熟悉而又陌生的试卷，一个刺眼痛心的分数摆在了我的眼前：74 分！天哪！这是我有史以来最低的分数了！

回到家后，我把自己关在了房间里，紧盯那张写着红色"74"的试卷，恨不得把它撕成两半。紧接着，我就闷在被窝里，失声痛哭起来。此时，我想放弃对数学的热爱，更想放弃的是对学习的信心。突然，我想起了我的座右铭："苦难是人生的老师，通过苦难，走向欢乐"。我不可以被这点困难打倒！我深吸一口气，坐在桌子前，拿起书本，认真地学习起来。无数次失败的激励往往会使人成功，失败并不可耻，可耻的是在背后痛哭，一蹶不振。

那一次，它给予我无限的动力。下一次，我一定要勇敢面对失败，永不放弃！

第一次毕业班学生大会

下午，春风和煦，我们迎着灿烂的阳光，举行一次独特的毕业班学生大会。

我满怀着激动的心情，等待着被评为"学习之星"的时刻。一听到"请获奖同学领奖"，我就笑容灿烂地走上了台，等到吕校长颁发奖状时，心里别提有多高兴。刚一下台，我就迫不及待地拆开奖品，看看到底是什么样的，不免有些沾沾自喜。

刚一坐到座位上，我就被触动了。吕校长的一番重要讲话让我内心起了波澜。讲话包含有五个关键词：目标、定位、学习、未来与自己。五个关键词似乎毫无关系，但是，一切的成功都与它们有关。

首先，我要问自己，我有一个目标吗？目标又是什么？说句实话，我不能在第一时间告诉我自己，这就说明，我还是不够努力的。目标也许是因人而异，我努力回想自己的不足，终于总结出了自己的目标：在数学方面，我一定要多做题目，尤其是计算题，我经常因为马虎而做错题，多做题，能增强读题能力，成绩也就会自然而然地变好；在语文方面，我一定要多读书，提高自己的阅读能力，增强自己的语感，作文水平也就能提高。

接着，我要考虑自己的未来。每一个人的未来都是不一样的，有时，"学渣"会成为强者，而有时，学霸只会成为普通人，但这一切，都是靠自己的一举一动去实现的。其实，我对未来有一种憧憬，总是期盼着这未来能带给我美好，这也许就是实现目标的时候，就是获得成功的时候。然而，可能也有失败的时候。有时，我会偷懒，会草率，这就是未来的落空。我要做好自己，让未来飞翔！

最后，我要总结自己。人的身上都会有优缺点，正所谓"金无足赤，人无完人"，我还是不够自信，总是粗心马虎。我一定要喊一下口号："今天我以实小为荣；明天实小以我为荣！"

毕业班学生大会之后，我要对自己有一个全新的定位，找到更好的学习方法，一点一点地实现自己的目标，为了灿烂的未来加油！

放慢你的步伐

试着去放慢你的步伐，也许你会发现无与伦比的美妙。

我的手指飞速地在黑白琴键上来回移动，奏出熟练的一曲，虽然其中有些许错误的音符跳出，但是仍不妨碍整个乐曲的和谐。老师在一旁，低头，沉默。我感到诧异，因为我发觉老师并不欣赏我引以为傲的奏曲。我想，我把复杂的音符转化得轻巧活泼，这首曲子熟练于手指之间，就算背谱演奏也根本不在话下。可是老师却说我过于追求速度。带着些许的委屈和不甘，我重新按照自己的方法固执地追求速度。我幼稚地觉得这是如此的完美。

"慢点，放慢你的节奏，也许会更好。"

慢慢地，我开始了尝试，开始了改变。"试着放慢你的节奏，或许会更好。"原本一秒可以带过的音符我试着让它多停留了一会儿，在整个乐曲中多看看，多欣赏它的身影。慢慢地，之前的浮躁心情也平静了下来，我全身心沉浸在音乐的梦幻中，那是一种久违的享受，沉淀下来的安宁。我的身体随着音乐开始摆动起来，老师在闭着眼，打着节拍，也投入其中。一切都是那么和谐，美妙。

原来，放慢自己的步伐，也会有不一样的感受。

　　我站在五线谱的中央，曾经的我总想快速地跑完这些路程，殊不知沿途中也有无与伦比的风光，死板、沉闷的旋律也会变得富于感情、充满生命。试着去放慢你的步伐吧，远离重金属和摇滚的喧闹，拒绝速度的干扰，唯留内心的那份安宁，去看看那些沉淀下来的经典，在音符间多停留一会儿，享受轻音乐的文化盛宴。

　　其实，五线谱就如每个人需要走的路。路上会有熟悉抑或陌生的人，喜欢抑或讨厌的物，美丽抑或不堪的景，深厚抑或虚伪的情。在漫漫人生路中，不要为一时的急躁而忽视了最珍贵的那些人、物、景、情。

　　你是否愿意放慢你的步伐，停留下，学会等待，学会发现，学会珍惜？

　　试着去放慢你的步伐吧，你总会发现无与伦比的美妙。

落叶牵动我的情思

一叶知秋。

初秋，一片枯黄的落叶在空中飘来飘去，我低下了头，停住了脚步，思索着什么。

我弯下腰拾起那片落叶，拿在手中仔细端详着，才知头顶上的是一株银杏树。那片落叶叶脉错乱，颜色分布毫不均匀，一块金黄色，一块土黄色，之间还夹杂着些黑斑，普通，平凡，但在这世界上却再也找不到与之一模一样的了。脑海里开始回想着，这个寂静的世界，只有那片叶子在跳舞，像是一个稚气未脱的少年，享受着，期待着跳入大海的怀抱。洒脱，自信，让他独一无二，在这大千世界上也有自己的光芒。

我曾不止一次地思考过，这个世界怎会如此奇妙。哦，是因为生命，是生命的五彩缤纷构造了这个世界的奇妙。我最喜欢秋天满树金叶的画面，幻想着自己能够走在由银杏叶铺满的大地上，那时的我，仿佛早已和这个世界融为一体，幸福。

然而，殊不知每片叶子都有每片叶子特殊的故事，它们都是不一样的。虽然身处同一个环境，受到同一种待遇，但是它们的性格与意志造就了不一样的它们。

人何尝不是这样，不同的人眼中是一番不同的世界。在细腻的人眼中，万物都是多愁善感；在孤傲的人眼中，万物都臣服于他的脚下；在自信的人眼中，万物都朝着他微笑……然而，你又会选择成为什么样的人呢？

一抹晨光突破了乌云，萧瑟的秋风吹过我的耳畔，一阵思考，我幡然醒悟。

世间的绚烂源自生命的绽放，然而对于自己，我们会有自己的选择。不同的人总会在茫茫人海中展现自己的风采，寻找到属于自己的光芒。

一叶知秋。

一片落叶，简单地牵动了我真挚的情思。

那是一段麻木的日子

　　颓废，麻木，不堪，这就是那时的我，浑浑噩噩，不知所措。

　　刚开学，老师和父母就时不时地告诉我们，八年级是一个分水岭，很是重要。可是七年级取得的骄傲成绩却让我不以为然，前辈们的着重强调在我看来都是瞎操心。我只要按照自己的方法去学习，就像从前那样，总会取得个好成绩，让家长老师满意。

　　与其说是我行我素，还不如说成一意孤行。我一直都坚持自己的方法去学习，有的时候还会偷工减料，但我却仍然抱着期望，指望着不劳而获。还记得第一次的英语课文默写，老师一次又一次强调口头作业，把它列为重点检查的项目，可我仍然毫不在意。周末，好不容易才能休息，我也把这项作业抛之脑后，想起来也是自信地说，我绝对可以完成，况且这项作业对考试并没有什么作用！

　　我其实真的不在意。默写的时候，我真的是脑子一片空白，老师在四周转来转去，本想偷偷摸摸拿出书瞄一眼的念头也只能打消。那一刻，我无助，无奈，上交了空白的答卷后，也只能无感地对大家说："我没背，所以我不会默写"。终于，厄运到来了。老师把一打本子扔在讲台上，破口大骂，继而点到了我的名字。我有些难为情地站了起来，默默地低下了头，两眼放空，只觉两颊微微泛红，浑身都不自在。

事后，老师找到了我，和我谈了很多。老师的埋怨、质问、批评一直徘徊在我的脑海里。后悔，羞耻，惭愧，我内心五味杂陈。

不在意，其实我真的不在意。你一次又一次地说不在意学习，不在意成绩。可到头来是谁面对失败而感到失落。可能是一时的疏忽，更可能是长时间的坏习惯，它们养成了我此时的麻木不仁。懒惰让我变得陌生，这是一段麻木的日子。

你还愿意去做那个麻木的自己吗？

既然不愿意，那就振作起来！人总是要向前看，总是要向上走的。

范　儿

　　就像天上的星星那样，我是独一无二的，在银河中闪耀着光芒。

　　我在漫无边际的宇宙之中，总是在寻找着属于自己的角落，尽管四处漂泊，但毫无怨言。我很普通，但是不平凡。你总能找到我，我朝你招手，你会感受到我指尖的温度吗？

　　我有自己的风格，因为我独一无二。

　　黑洞里藏着许多秘密，我总是在追求着什么。流星划过了天际，跟随着它的脚步，执着于它的下落，是我。在匆匆行走的人流中，我抬起头，逆向而行，这不是孤独，是一种方向，是追求正义与光明的方向。我不像大众化的你们，我更愿意走自己的路，而不是在别人行驶过的轨迹中复制着看似完美的痕迹。请别再自欺欺人了，独一无二的人，总会有自己的风格，自己的范儿，靠近星空，一一闪烁。

　　保持一颗炽热的心，感染你我。芸芸众生，人与人之间不会冷漠，在为人处事中，我也有自己的风格，自己的范儿。笑对人生，是我的态度。被忽略，其实很平常，但是我不会因此而不快乐。因为那是独一无二的我，时刻散发着光和热的我，不会冷漠，始终独特的我。

　　我们都在大大的宇宙中，我们都是微不足道的小星星。不忘初心，方得始终。我会保持自己的风格，保持自己的范儿，尽全力，做自己就好。

　　因为是我，所以独一无二，为人生描绘出不一样的色彩。

　　这就是范儿，在这无尽的世界中，我总会找到属于自己的归宿。

静下心来

静下心来，事情其实并没有想象中那么糟。

谈笑风生间，匆匆行过的身影留下了劝勉的声音："你最近的英语有点放松警惕了，我就怕你成绩上不去了。"那个亲切的背影在我的视线中晃过，可留下的，却是对我极重要的提醒。

两次，已经两次没有考好了。三十名开外的水平真的是我真实的成绩吗？细细分析每张试卷，错误太多，我招架不住。课堂上被点名批评的我，一次次地感受到老师对我的失望，我觉得有点烦。第一次的落后或许是个意外，其实我并没有太过在意，仍我行我素。一而再，再而三的退步就不是什么巧合了。我真的该怀疑自己的真实水平吗？

莫名其妙的，我就是烦，烦到什么都听不进去。在老师讲述考试重点以及我常出错的知识点的时候，我的脑子里一片混乱。我只是紧紧地盯着惨不忍睹的分数和排名，心烦意乱，无法面对自己的失败，浑浑噩噩。就这样，一节又一节课过去了。

浮躁，这不就是现在的我吗？好像一切都是那么糟，学习一团糟，生活一团糟，就连心思也是一团糟。说真心话，我很厌恶这样的自己，很烦，很堕落。

一句看似简单的话，却好像是毁了我的匕首，但真正的毒药，却是现阶段的自己、现阶段的状态。静下心来，我需要去好好想想了。晚自习，我透过留有雨渍的窗户看着夜景。夜景美丽，我一直在转动着手中的笔，心里还是烦。我不能再这样下去了，这不是我自己，真正的自己。我有智商，也有努力，但是最缺的还是端正的心态。与其说周围羁绊太多，还不如说自己实力不足，那么多优秀的同学，为何不向他们学习呢？

静下心来，事情其实并没有想象中的那么糟。我还有时间，还有进步的机会，千万不能浪费了自己，委屈和后悔都无济于事。现在的你，只需要静下心来，摆正心态，好好学习，还是可以超越现在的自己，还原一个真正的自己。

静下心来，向前看，努力成为成功、幸福的人。

我毕竟走过

鲜花还是荆棘，留下我或深或浅的足迹，那条路，我毕竟走过。

选择即是初衷。我抱着期待和憧憬，踏上了征途，我站在高处，全新的面貌吸引了我的眼球，这所学校，是我选择的。更优秀，更完美，是我追求的，我从不曾后悔过，毕竟走过的那条路上，有你，有我，有未来，有希望。

七年级，是一段完全崭新的时光。我坐在窗口，常常幻想着回到过去，望着夕阳烧红了的半边天，才幡然醒悟：我已经是一名初中生了。七年级，这条路上是花香四溢的。我没花什么功夫就能取得名列前茅的成绩，每天生活在同学的陪伴、老师的鼓励、父母的呵护下。我仿佛温室里的花朵那般，绽放的瞬间洋溢着自豪与欣慰。我是个乖孩子，从不违纪。那时走过的路上，初衷未变，梦想还在。

八年级，分水岭时期，好像一切都变了。适应了新的环境以后，沉重的学习压力开始让我难以招架。仍然是窗边的位置，我的心早已飞离课堂，浑浑噩噩，对书本内容没有什么太多的印象，只觉得枕着书，会睡得很熟、很香。顿时，成绩开始一落千丈。面对着不理想的成绩，我显得有些无动于衷，难道我真的变了吗？诱惑很多，烦恼也不少，我总是会搞点事情来麻痹自己的心。在青春这段路上，碍路的荆棘扎破了我的脚踝，遍体鳞伤后，我回头看去，原本的足迹早已化为一朵云，飘到了我找不到的地方。

两年了，这条路我都走了两年了。细细想来，经历了很多很多，酸甜苦辣，我也长大了。不过两年，人生中会有多少像这样珍贵的两年。在我走过的路上，别去回忆，别去伤感，别去遗憾。

不急，还有一年，还有我在这条路上需要走的最后一年。九年级，最后的冲刺，你难道忘了你的初衷吗？你对得起自己和别人的支持吗？向前看，成功在彼岸，只要竭尽全力，就无怨无悔。

窗户上映着我的面颊，红彤彤的，物是人非，这毕竟是我选择的路，继续走下去，请别回头！

由期中考试所想到的

光阴似箭，不知不觉间，九年级上学期期中考试已结束，这也宣告着中考的迫在眉睫。我由这次期中考式所想到的，也有很多，抓住一分一秒，突破自我。

九年级的第一次月考是以失败而告终的，班级第 18、年级第 126 的排名不是我的真实水平。内疚，后悔，自责，无奈，一时间我慌了阵脚。我害怕失败，更害怕落后。优势学科无法拔尖，弱势学科拉分严重。如果一直这样下去，我的未来和前途还会充满光明与希望吗?

我不愿接受这残酷的事实，在一次又一次的打击下，一次又一次的犹豫中，我选择向前看。距离考试还有三周时间，我彻彻底底地改变了。在妈妈的唠叨和责备声中，她不止一次透露出对我的失望。每次被数落得什么都不是时，我默默地抹干眼泪，内心的意志一次比一次坚定：我要证明自己!

时间过得真快。短短三周时间里，我远离了网络，也抵制了不少诱惑，我说得最多的一句话莫过于："我去学习了"。学习看似复杂，其实很简单，我不断地巩固旧的知识点，迎来新的问题，又学到新的知识与方法，就是这样的循环过程。你付出的越多，收获的也越多。

终于，大屏幕上缓缓映出了这次期中考试的结果。我急切地寻找着我的名字，满怀期待的双眼中闪着对成功的渴望。第6个名字，心中有按捺不住的感动，仔细一瞄，班级第5、年级第36，我顿时生出满满的自豪感。这个结果证明了自己不差，我可以做到，可以做得更好。

请现实一点吧，没有永远的成功，也没有永远的失败。路漫漫其修远兮，吾将上下而求索。我由这次期中考试所想到的，有很多很多。我们不用为过去烦恼，不用为未来做不切实际的打算，紧紧抓住现在，现在的一分一秒，虽然路上有失败，但只要一点一点进步，踮起脚尖，就能够到天上的太阳。

你不差，可以做到，也可以做得更好。

原来如此

反璞，归真，静下心来，抛开那份杂念，原来如此，一切都是那么简单。

那一方窗，永远是我家最绚丽的一角。清晨初升的太阳透过那窗，更是格外的可爱耀眼；傍晚雨后，那窗上还留着雨渍，朦胧之意犹未褪去。

妈妈有个"闲癖"，就是总喜爱摆弄那方窗，不知道是去干什么的，可真是奇怪。我耐不住性子，总想要去一探究竟。

我慢慢地走到窗旁，窗面上干净得仿佛那明晃晃的镜子一般，只有些微微泛黄。推开窗户，一缕刺眼的阳光照了进来，紧接着便是温暖。我本想探出脑袋好好地欣赏一下窗外的景色，就发现了妈妈的良苦用心。两盆吊兰整齐地摆放在窗台两边，叶子上还留有妈妈刚洒下的甘露，晶莹透亮。吊兰的叶尖有些枯黄，不过更是增添了些自然的气息。

哦，原来如此，那一方窗不仅仅是绚丽的一角，更是自然的一角。它是人类和自然的沟通桥梁，推开天窗，打开心锁，窗外是一片更美好的世界。

　　你的窗是否敞开？你的锁是否解开？敞开心扉，扑向自然的怀抱，或许，那一窗使我们关注自然，走进自然，枯燥生活中那一丝绚丽何尝不是领悟的真谛？

　　反璞，归真，原来如此，简单的生活里也有简单的精彩。

与众不同的我

因为是我,所以与众不同。

当有人在茫茫人海中询问哪个是你时,你会作何回答呢?诚然,必定你最显著,有最与众不同之处。与众不同的我,自然有与众不同的地方。我会很自信地回答:我,不戴眼镜。

不戴眼镜,这有什么与众不同的?不戴眼镜的人多着呢,又怎知道到底是哪个呢?非也!在初中校园,繁重的学习压力以及堆积成小山的书本早已使我们直不起腰来,周围十有八九的同学都戴上了度数或深或浅的眼镜。视力下降严重早已成为中学生的一大问题。眼保健操时间,上下午合起来一共只有十分钟时间,又何不闭上双眼让它们休息一下呢?可是作业没有写完怎么办?还没待数学题解答思路涌出,老师们就提前来到教室里布置新的任务。午睡时间里,学习热情状态情形下的我们在黑暗中透过微光仍在学习,累了,做完这题就好了。可殊不知,题目做起来无休无止。或许是我学习不够认真,抑或是我不常读书,又或者是我太过贪玩,我依旧保持着自己那双明亮且清澈的眼睛。我很庆幸!

我走过的地方,总能留下我的痕迹。在不戴眼镜的小群体中,有欢笑声的总归有我,开朗是我的代名词。

　　我话比较多，所以无论走到哪里，与同学总会有说不完的话题：无论是熟悉的还是关系一般的，总能相处得融洽。时不时地开玩笑，时不时地心贴心，时不时地争论着，一切都好像命中注定的那样，简单，平凡，却又与众不同。谈笑风生间，我嘴角上扬，内心的小情绪随风散去。远远望去，我永远都是笑得最开心的那个，因为是我，所以与众不同。

　　我很自豪，我与众不同，健康又开朗。我在茫茫人海中找到属于自己的方向，耀眼的光芒照亮与众不同的我。

　　我就是我，颜色不一样的烟火。

标 签

有些人的脸上是写着字的，就像我这样，无时无刻不被贴上标签，来警示自己，安慰自己，我是一个好学生。

"好学生"？哪里好了？只不过是成绩稍稍领先一点，学习态度端正一点罢了。仅仅就是这一点，标签总在不经意间落到我的头上，成为生活和学习中的挡箭牌。

"你这次怎么没有进班级前十名了？"每每别人问起，我总是低下头，微微苦笑，无奈地摇了摇头。闭上眼，梦里的那个自己，始终伴随着荣誉和夸赞。可睁开眼，我不禁数落自己一番，一时的贪图安逸把我自己拖到了无人问津的位置，懒惰和傲气把我的名字从优秀的行列擦去。

成绩一落千丈，原来引以为傲的排名离我远去，我深受打击，失去了学习的兴趣和信心，不得不把注意力放在其他似乎更为有趣的事上，找点乐子做做，来充实自己空虚的内心。

回得去吗？我还能做回那个原来的"好学生"吗？

数学课上，好不容易睁开惺忪的双眼，黑板上满满的数字方程看得我头晕眼花，它们仿佛是在嘲讽我为何如此堕落。无奈与无助间，我弯下腰，偷偷拿出放在书桌里翻得有些破旧的小说，津津有味地阅读起来。这仿佛是一段新的征程，刺激，冒险，它简单，奇妙，它吸引了我，麻痹了我。

就这样，一节一节课就这么过去了。我浑浑噩噩，麻木不仁。可是成绩也始终没有给过我好脸色看，大吃一惊之后，我陷入了深深的思考之中。

偶然间，我和父母谈起自己的未来。"好好想想，原来那么好，可是现在呢？"是啊，这难道就是所谓的"好学生"？所谓的好学生会沦落到现在这般地步？

渐渐地，我重拾信心，鼓足勇气，努力做回原来的自己，那个阳光向上的自己。我要对得起自己，对得起自己的标签，对得起你们的信任。

努力间，些许零碎的话语划过我的耳畔。"原来这就是好学生啊。"

不，我不是好学生，而是正在努力的学生。

勿忘初心，我甘愿做一叶红枫，即使化为泥土，也要活出灿烂而绚丽的人生。

我要对得起自己，对得起自己的标签，对得起自己的努力。标签正在不断地警示着我要向前看，向上爬，不留遗憾！

不错过自己

当你失去，错过了世界，这个无情冷漠的世界，才会发现，原来曾经那么好，现状也依旧那么好。

沿街风景，鲜花绿草，一瞬而过，上帝赋予了你欣赏的权利，却不允许你停留，或许这就是命中注定，命中注定要与你错过。

"做那个简单的、可爱的，我喜欢的你。"无缘无故，毫不相干的两个人相互磨合。可你是你，我是我，这种要求又算得上什么？也只不过是情感寄托的延续罢了。终有一天会随风飘向天际，你终会察觉世间的丑恶。一切都是假的，一切都是虚伪的。当你发现周围的人一一揭下面具后狰狞的嘴脸，沉思，感叹，你也会变成这样的自己吗？

曾经幼稚单纯的时候，美好存于心间，毫无烦恼，很快乐，很幸福；可现在，看透了，看淡了，放下了，依旧很好，一个人，一身轻，你可别再错过自己。

"做那个简单的、可爱的，我喜欢的你。"做你，做自己。环顾周围，空气中弥漫着人性的味道，飘着，飘着，沾到你的皮肤上，渗入你的血肉里。花一样的年纪，花一样的你和花一样的自己。豆蔻年华，光阴赋予了你选择的权利和放弃的自由，当你孤身一人处在一片空白之中，沉思，感叹，你到底会变成什么样的自己？

沿街风景，春风和煦，伴着花香沁入心田。路过一片花田，千朵万束的花朵簇拥在一起，分不清你我。你可曾想过，你是谁，你在哪。朵朵野花躲躲藏藏，总有一朵是属于你的。请你为它停留一会，纵使错过了生命，也千万别错过自己，那个最真实、最自然的自己。

"做那个简单的、可爱的，我喜欢的你。"青春，只有一次，何不放任天性，不要委屈自己。简单一点，圈子小一点，心机少一点，可爱一点，单纯一点。你喜欢什么模样，就变成什么模样，撕下伪装和面具，因为那才是你，才是自己。

花田里，最香最独特的那朵，就是最普通、最平凡的自己。

透过你的心，当你失去全部，错过所有的时候，原来一切都一样，都是真实、自然的自己，别错过自己，否则你会尝到一无所有的滋味。

不错过自己，勿忘初心，我还会喜欢你。

寒假平凡事儿

在寒假中，最重要、最快乐的时候莫过于过年了，家家户户张灯结彩，迎接新年的到来。

年，是用来盼的。我虽然手边总有做不完的作业，但内心中对年还是无比期待的。快过年了，全家上下都忙忙碌碌的，各忙各的，为自己新的一年做好充分的准备。呆呆地，我盯着家门前新贴上去的大大的"福"字，它象征的是一年到头来最真切的祝愿和希望。阳光微醺，一家人围在一起唠唠嗑，没有什么太大的压力，就是那最轻松、最真实的你我他。生活的确平平凡凡，在平平凡凡的家庭中，人们简单的说笑，总会带来不平凡的惊喜。

我长大了，初三了，也快中考了。周围的空气中总凝聚着一丝沉重的气息。因此，我感觉到今年的年过得特别快，还没来得及好好感受年的味道，年的影子就在我的指尖匆匆滑过。

我长大了，心智成熟了很多，不会再像小时候吵着嚷着，只为一个中意的玩具熊。过年了，终于过年了。我嘴角微微上扬，脑海中是小时候爸爸拉着我的手，举起五彩缤纷的烟花喷射出绚丽多彩的花火，记忆里，我最喜欢的就是那美丽的烟火，与夜空中的星星一同闪耀。跨年时分，手机里那条来自你的祝福短信，尽管只字片言，但我却总会感到无尽的温暖。回忆就像一面铜镜，泛着岁月的痕迹，但却真实地映照出梦与现实的差距。我感叹着岁月如歌，沉思，五味杂陈。我有一个梦，简单、热切、殷实，如一叶红枫那样飘落于你的手心。勿忘初心，祝你幸福。

寒假平凡事儿，慢慢长大的我却品出了不平凡的味儿。新年的钟声敲起，梦醒时分，我中意的又会是什么，在何方？

感谢世界，感谢时间，感谢生命让我们相遇，即使有些逝去，有些不会再回来，但把握最珍贵的，享受最平凡的，依旧生如夏花，孤独而又灿烂。

美，悄然绽放

　　把美丽珍藏于心底，让它悄然绽放。

　　不经意间，下课铃声响了，我低下头，物理作业本上满满的红叉和圈圈点点之处，一次又一次地打击了我的信心，黑板上的公式和复杂的解题过程看得我云里雾里。难不成我注定和物理没有缘分吗？

　　从八年级以来，物理就一直是我的弱势学科，拖了我不少后腿。我也不知道自己是怎么学的，就觉得它很难很难，我怎么也听不懂学不会。我很清楚学习要均衡，但我也有想要放弃的念头，明知放弃是最坏的打算，我还是选择了逃避。

　　或许，越是得不到什么，就越是羡慕，越是期待什么。课堂上，某个角落内的尖子生们对着难题自信满满。课后，笔尖在作业本上唰唰滑过，满腔兴趣化为动力，支撑着他们不停地向前进步和奔跑。我也向往这样的成绩啊，可是有什么用呢，没有实力，没有水平，一切都是白谈。这样普通的自己，没有任何的闪光点，没有希望，没有美丽之处。

　　"物理其实很简单，你用心学，肯定能学好的。"他们都是这么告诉我。可是，物理该怎么学习……我虽迷茫，无奈，但是希望的种子也会在心底生根发芽。我真的不甘心这样，不甘心做这样失败丑恶的自己，我也有渴望成功的心啊。

"你努力一点，也可以做到。"

殊不知，把美丽珍藏于心底，它也可以悄然绽放。

再努力一点，再坚持一点。别总是把希望寄托在别人身上，是时候相信自己，靠自己了。课后，我把全部的精力都用在了物理上，慢慢地，我竟发现物理会是那么有趣。我就像蜗牛一样，一点一点地往上爬，慢慢地享受着学习中战胜困难的乐趣。回想起曾经被打击得遍体鳞伤的自己，回想起曾经知难而退的自己，原来，多一分好奇，多一分兴趣，多一分努力，一切都是那么简单。

悄悄地，把兴趣的种子埋在心底，用努力的汗水浇灌，美丽正在悄然绽放。

"你看你，不是做到了吗?"

是的，我做到了。时光不会辜负每一个付出真心的人。兴趣是最好的老师，你可以做到，为什么不愿意去尝试一下呢?

把美丽珍藏于心底，让它悄然绽放。

殊不知，它会给你不一样的惊喜与期待。

等 待

人生路漫漫，要学会等待。

生命在等待中孕育，果实在等待中成熟，我也会站在风中，面向远方，静待花开。

酷暑里，每天下午四点半，我总会站在简陋的公交站台处满头汗水，穿着湿透了的 T 恤衫，等待着载我回家的那路公交车。久而久之，习惯了等待，习惯了望向远方。

"怎么还没来？"我焦急地看着手表，现在已经过了原来的固定班车时间，恐怕是错过了吧。车来车往间始终没有出现那最熟悉的车影。我低下头，躲着刺眼的光线，选择了静静等待。

等待是一个煎熬的过程，因为不知期限，所以感觉很漫长。我在站台徘徊，努力寻找影子的方向，却发现太阳躲在了林立的房屋后，向地平线的方向移动，可它的温暖仍守护着整个世界，笼罩着孤独的人的心房。

或许是因为知道等待会有结果，才会选择等待吧，谁又会傻傻地固执地去用最美好的时间去等待空白，等待不可能的结果。或许，这就是信仰吧。面向涌动的车流，我格外平静却复杂的心情似乎与其格格不入，我也陷入了沉思之中。

呆滞的目光停留在了树影的尾巴上，闷热与抑郁也在时间的等待中层层褪去，只留下了夜的静谧与安详。熟悉的公交车一次又一次地从身边驶过，踌躇之间，我并没有选择上车，而是选择了继续等待，不问归期，无怨无悔。

挂着牌子的末班车缓缓地驶来，闪着异常温和的灯光，像星星一样。按照程序上了车，选了靠窗的座位坐下，此刻的我，是孤独的使者。有风拂过面颊，我并不惬意，并不舒畅，我的心感受的更多的是用时间去等待的幸福。

如果错过的是永不复回头的末班车，那我的等待又该会是多遗憾？我很幸运。

人生路漫漫，总之要学会等待。

我在坚守，我在等待。

因为信仰，因为远方。

底层的光芒

他们就像星星，平凡却闪耀。他们的翅膀都有各自斑斓的色彩，尽管负重累累，却依然坚持不懈地为这一片天空增添颜色。

随着科学技术的不断发展，越来越多的人正享受着科技带来的便捷，也有越来越多的人默默无闻地在为科技服务，奉献着自己简单却质朴的力量。

不知从何时开始，小区的门口建立了"快递寄存柜"，形形色色的人在其面前停留住脚步，却很少有人注意到快递员的存在。已经不像原来的上门服务，快递员的工作似乎简便了很多。

一天晚上，我放学后到小区已经十点多钟了，顺便去取个快递，却看到了正在放置包裹的快递员。他相貌平平，衣着朴素。由于天气寒冷，黑色的羽绒服外还套上了亮橙色的工作服，在漆黑的夜晚里同晕黄的路灯一起散发着略带倦意的光芒。在他身旁，还有一车包裹，躺在锈迹斑斑的铁车上。

一旁的妈妈可能出于对我一天学习劳累的顾忌，轻轻地说了一声："能不能让孩子先拿一下，一会儿就好。"

"这也就只差一点儿了，请再耐心等等，麻烦了。"他转过头，炯炯有神的眼睛带着些许恳切，手脚不自觉得利索了不少。

"现在的高中生真辛苦。天天早起晚睡，也就只有学习这一条出路了……"

"我倒不这么想，三百六十行，行行出状元，也并不是只有学习考大学才能成就自己的价值。每个人都有自己的兴趣，只要做自己想做的事就好了。现在做什么工作不辛苦，就连这个寄存柜都是要我们自己倒贴钱的。就像我，哪怕一辈子做个快乐的快递员都是一件幸福的事。"

我在一旁静静地听着，他的语气平平淡淡，但对我的心灵却有一股冲击力。

哪怕一辈子做个平凡快乐的人，真的是一件很幸福的事。

偶然间想起我在电视机上看到的综艺节目中的采访，那些基层工作者在阖家团圆之际依然坚守在自己的工作岗位上，秉承着一份对工作的执着与热爱，由衷地抒发着那份对故乡的思念与对家人的遗憾自责。尽管难以感同身受，我那敏感脆弱的神经也会隐隐作痛。

因为自信，因为热情，这不正是基层工作者最为可贵的光芒所在吗？

我怀念的，也正是曾经同样怀揣梦想，为了初心而拼搏奋斗的我们。

我也想像他们一样，成为星星，成为一个快乐、幸福的人。

承　受

如何承受，又如何成长。

正值深秋，窗外的落叶愈发堆积，叶尖微微泛黄，将整个世界染上了秋的色调。偶尔间传来鸟雀的喳喳声，一次考试又再次落下了帷幕。

"震惊！这次考年级第一的竟然是……"这似乎成为大家课间谈话的焦点，我也会好奇地凑过去了解一下。"竟然……竟然是你！"

"什么？不可能不可能，那么多实验班的大佬，年级第一哪轮得上区区一个在普通班也并不拔尖的我。"玩笑之后，我坐回了自己的位置，抱着既紧张又期待的心情拿起了自己的小说津津有味地翻着，脑海中各种画面交织着，并不是小说中所描述的画面，而是想着即将知道成绩之后的自己。

不久之后，成绩单贴在了教室的公告栏处，看着大家争先恐后地涌了上去，我只默默地叹了口气。几家欢喜几家愁，大家都议论纷纷，我继续埋头沉迷于小说之中。待人群渐渐散去，我才走过去望了一眼自己的排名。年级排名那一栏中，一个突兀的"1"赫然出现在三位数包围的地方，连两位数都少有的名次更别提这个"1"了。仔细一看，对应的竟然是我自己的学号！

那一刻，我差点要昏了过去，反复确认之后，才晃晃悠悠地回到座位。趴在桌子上的我脑子里一片空白，不知所措。怎么办？我要膨胀了。我并没有对这样的成绩有过多的喜悦，反倒觉得很麻烦，毕竟我的真实水平并没有那么高，这只是一次侥幸而已。比我优秀的大有人在，比我努力的同样大有人在，年级第一却被我这样一个并不是特别聪明也不怎么爱学习甚至课余时间都用来消遣娱乐的女生轻而易举地拿到，岂不是一件很不公平的事情？我觉得这个成绩不符合我的态度和水平，不要也罢，我更期待的只是一个不断付出努力才不断取得进步与成功的自己。

"你都考了年级第一了，怎么还闷闷不乐的？"

"就这一次。我没那么高水平。无论是谁，奇迹总会发生的。"

之后，我还是我，还是那个平凡无比，凡事都不放在心上的我。成绩依旧大起大落，我也依旧很快乐，我找到了真正的自己。

或许，只有承受住了，才算得上真正的成长。

承受住吧，无论发生了什么。

今夜无眠

仿佛一切都在梦里，可我却始终捕捉不到星星的影子，在惆怅与失落间睁开了眼。

注定，今夜无眠。

周围空荡荡的一片，只剩下床头时而亮起的手机屏幕，总会提醒着我一切都快要结束了。

明天是中考的最后一天，这对所有 15 岁的我们，都是一次考验。翻来覆去间，脑海中总会浮现出好多画面，又在顷刻间消失，只留下苦涩的尾巴。

经历了前两天的洗礼，一切好像尘埃落定。因为格外重视，我总会在心里计算着考试的结果。风吹过窗台撩动着泛着花边的卷帘，眼前忽明忽暗的世界就好像是我的未来，在踌躇满志里又似乎停滞不前。

不知道为什么，我总是睡不着。打开手机注意到联系人中依旧在线的你们，我会有一丝的心安。明天就是最后一天了，是能够待在学校里和所有同学一起奋斗的最后一天，也是进一步成长告别曾经的最后一天。蓦然间，我开始回味，开始怀念。依稀记得昨天的你们自信地拍拍我的肩膀，笑着说："中考一起加油！以后会在一起的！"我们都没有预测过这句话的结果，但有着心照不宣的感动。

或许，我们更不愿提及的，总是离别的伤感吧。明天过后，大家都要散了吧。心里涩涩的，回忆洒满了我的大脑，到处都是。不管是日常学习里莫名的小惊喜，还是集体活动中大家团结拼搏的身影，总像在梦里一样，那么近，又那么远。这也许就是所谓的旧时光吧，那些无法重新来过、重新演绎的旧时光吧。

"已经很晚了，快睡吧。明天再坚持一天，加油！"

不知何时，妈妈轻轻的耳语好像在梦里，像蜜一样甜甜地渗入我的心头，是整个梦境里最好的礼物。

这个梦，好久，好长，承载了太多开心的或者不开心的旧时光，沉甸甸的，让我始终捕捉不到星星的影子，在这个无眠的夜晚里，好像一切都要在不经意间逝去、结束……

又一次睁开了眼，天亮了。

当明天变成了今天，当现在变成了过去，当美好变成了回忆，遗留下的往往都是最清晰、最深刻的。

在最美好的时光里，抓住最美好的我们，珍惜点滴中的感动。全力以赴吧，不要让自己留下遗憾！

星星的影子，就在我的脚下。

唯有远方

日复一日，年复一年，我们在这片划着界限的土地上自由穿梭，似乎世间万物都是同一片色彩。同样的环境，同样的伙伴，只是换了册册课本，我们依然重复着规律的作息与生活。或者说，这就是我们已经习惯了的校园生活，枯燥，乏味，单调，每一点乐趣都被打压，每一丝欲望都被扼杀，残留的，也就只有学习了。

唯有远方，才会有梦想。谁又甘于卑微，只愿意做那个平庸至极的自己？无论生活有多么苟且，我依旧愿意去远方重拾自己的梦想。三年的磨砺，月夜的奋斗，只为在那个夏天接到为之雀跃的喜讯。远方，有更好的自己。如今，只有努力努力再努力，才能不断进步，达成自己的目标，不留下任何遗憾。彼岸花开，远方，等我。

或许，这就是信仰。何为信仰？唯有远方。每当上课时犯困到眼皮打架，每当想要偷偷拿出藏在桌肚里的悬疑小说，每当作业拖欠到难以偿还，每当考试时抑制不住作弊的欲望……猛然惊醒，梦想远离我很远很远……为什么要这样堕落自己，糟蹋自己，做那个自己最不想要成为的人？只为一时的快活，一时的贪欲？你难道忘记了你的初心，你的信仰吗？蓦然间脑子空白，唯有远方。掐住自己的大腿，我放下手中一切无关学习的书籍，埋头钻研所有难题，脚踏实地，实事求是，尽管不知道远方有多远，但那儿始终是我的信仰。

闲暇间，望向窗外那一片澄澈的天空，我似乎看到了远方。闭上眼，所有的烦恼都烟消云散，心中满是喜悦与自豪。落花满天，我如同一颗蒲公英，随风飘荡，无所皈依。空气中，氤氲着淡淡的芬芳，大海就在不远处，清新，澎湃。

我明白世间并无真正的世外桃源，但唯有远方，才有梦想，才是信仰。

清风拂过，一切都明亮了。

我只愿摘取一叶红枫，满怀一腔热忱，将它寄予远方。不问归期，唯有远方，才会告诉我真正的答案。

故事无论长短，但总会有结局。拼搏吧！远方，将会成为另一个自己。

唯有远方。

温情时光

快乐的含义

　　快乐是什么？有人说，快乐是拥有许多的金钱，是获得多大的权力。我认为，快乐是不能用金钱和权力来衡量的，真正的快乐是创造、是给予、是奉献。说起给予，那也是另一种快乐。

　　世上有穷人那是难免的，乞丐更是常见。小时候，一直有一个魔魇萦绕着我：当我看到一个衣衫褴褛、蓬头垢面的乞丐坐在黑暗的角落里，伸出一个铁碗，口齿不清地说："孩子，给我点钱吧！"甚至他会拽住我的袖口，想到这，我便会不寒而栗。

　　一天，我来到饭馆里吃饭，便看见一位老奶奶穿着布衣，头发披散着，十分凌乱，走近她的身边，还能闻到丝丝异味。看见这一幕，我内心最柔弱的一面瞬间毫无保留地释放了出来。我拉住妈妈温暖的手，轻轻地在她的耳边说道："妈妈，这个人好可怜呦，我能给她一些钱吗？"妈妈微笑着点了点头，摸着我的头，毫不犹豫地从钱包里掏出 20 元，交到我的手中，说："去吧！"我胆怯地走到那位老奶奶身边，小心翼翼地把钱放入她的铁碗里，然后小声地说道："这钱是给你的。"接着，那位老奶奶微笑着对我说："孩子，你是一个好人。要好好学习，考上一个好的大学啊!"今天，我付出一点爱心，同时，我收获一份给予的快乐!

我只给了老奶奶 20 元钱，但是我的内心却十分快乐。我领悟到了给予是一种"快乐"的真谛，它也告诉我们，做人一定要真、善、美，我们的生活才会更加祥和而快乐!

伸出援助之手

面对他，我们应该伸出自己的援助之手……

一个清晨，我和平常一样乘上了公交车。"新天地广场到了，请从后门下车……"这句话在我耳畔回响。咦？车子怎么还不开？我不禁伸出脖子，探出车门看了看：一个 20 几岁的男人衣衫褴褛，手中拿着一双脏兮兮的拖鞋，还不停地往车上搬着一个木板，更让我惊讶的是：他竟然是一个残疾人！他的脚已经完全扭曲了，已是畸形了。顿时，车上的空气凝固了，变得十分安静。我立马乖乖地坐回座位上，车上的每一个人都盯着那个残疾人。

沉重的气氛在刹那间被他打破——那个公交车司机，可能不忍看他艰难地上车，毫不犹豫地推开司机防护栏杆，朝那个残疾人走去。这位司机要干什么？我心里紧张又期待。这位司机朝那个残疾人伸出援助之手，紧紧地握住他的手，使劲地一拉，两人配合"默契"，他顺利地上了车。那个残疾人虽然满脸黝黑，但是面带笑容，很是阳光。他用自己沙哑的声音说了声谢谢，那个司机说："这是我应该做的。"看到这儿，我的眼眶有点润湿，司机的举动感动了我，也似乎感动了上天，我相信这位司机一定会有好报的！

　　我下了车，回想起车上的画面，不禁被这位司机的行为所折服，这位普普通通的司机真正履行了自己的职责，我希望有更多的人能够伸出自己的援助之手，帮助那些需要帮助的人……

沟　通

沟通不仅是心灵的沟通，还指书面的沟通，更是口头的沟通。

早晨，我上了公交车，找了合适的座位坐了下来。随后，又上来了两个鹤发童颜的老人，看样子，他们是对恩爱的夫妻。本来他们应该坐在一起的，但却因为我，挡住了他们的座位，而我却毫不知情。

他们被逼无奈分开了坐。我望着那位老奶奶，她的脸上显得有点儿忧伤。可是，顿时老奶奶的眼神充满了力量，不知手在比画着什么，眼睛不停地盯着某处，十分纠结。我的头不由得往后扭了扭，看到一位老爷爷也在用手比画着什么。他的嘴不知有多吃力，一只手指着那位老奶奶，另一只手则试图叫她过来，但一点儿声音也没有。莫非他是一个聋哑人？这可把我惊呆了！我又把目光盯上了那位老奶奶：老奶奶做着和老爷爷同样的动作，仍然一点儿声音也没有。什么？他们两个都是哑巴！这可太神奇了！他们两个可真是知音！反过来，我又想：既然他们两个都是聋哑人，他们怎么沟通呢？他们不是有手语吗？如果对方看不懂，岂不是既麻烦又吃力？

想着想着，我便下了车。我仍然陷入沉思：如果我的理解能力再强一点，就不需要他们苦心暗示了。如果他们拥有口头上的沟通能力，人们就会更加明白他们的心意。可想而知，沟通是多么的重要！

给妈妈的信

亲爱的妈妈：

　　您好！

　　妈妈，我在写信中指出了您的不足，而您非但没有指出我的缺点，而是继续"补充"着自己的短处，为此，我深感内疚。

　　放学时，每当一辆辆的敞篷汽车从我面前驶过，心中总会有些醋意，为什么妈妈不能也开来一辆霸气的宝马车接我回家，而我只能低着头，心灰意冷地乘着公交车回家呢？而您却用一句句亲切的话语抚摸着我的心灵：自己乘车回家的孩子聪明实干，又节省资源。这样，我的心灵感受到了前所未有的温暖。

　　有时，您会跟不上时代的步伐，普通的电脑您却知之甚少，随着时间的推移，我不禁有些反感。但是回想起来，我错怪您了，其实，您的身上还隐藏着许多优点。在家里，您总是心灵手巧，总是换着花样给我做各种各样的食物。夜里，你就是一个"捕蚊高手"，一个个活泼的蚊子都命毙于您的手下。想来想去，您做的哪件事不都是为了我？顿时，我感觉到我的心里溢满了温暖。

妈妈，从今往后，我再也不会用短浅的目光去挑您的不足、去抱怨生活，而是应该怀有一颗感恩的心去感谢万物，包括您——我最亲爱的妈妈。

祝愿您笑口常开，身体健康！

您的女儿：张雁南

2013 年 12 月 1 日

我想去那里

那么近，那么远，我一直都很想去那里。

那个地方，有我见过最质朴的风景。过去的日子里，我总会一直待在那个地方。那是一幢老屋，是我外婆留下的房子，在乡下，在田间，我总会感到无拘无束，或许我还是个孩子。屋子附近的小道崎岖不平，水泥地面上还留有泥土的痕迹，猛地一吸气，满满的都是自然的气息。我喜欢那个味道，因为那是最初的呼吸，没有城市的喧闹嘈杂。屋子周围有花，一大片草坪上总会有许多我发现不了的东西，我常常蹲下来，数着繁天星的绽放，靠近墙角处几朵白兰花在阴暗处独自欣赏，门前还有一棵大树，苍天……屋子看起来有些老旧，还存有 20 世纪六七十年代间的风韵，木头家具早已变了颜色，有的还染上了薄薄的灰尘。

那个地方，有我度过最纯真的时光。那时候，外婆还在，我还一直很开心。外婆是一位人民教师，她常常和我一起玩耍。我爱画画，她就一直教我填色，我拿出一大沓白纸，天马行空，勾勒出美好的图案，她在一旁总是爱抚着我，细心地帮我拿彩铅涂上颜色，虽然有的时候我也会嫌弃她会毁了我的潜心之作，但和外婆待在一起，我很开心。

不久后，我们就搬了家，独留外婆在家看守空房。长时间的疏远以及家庭矛盾的恶化，意外发生了。我还不懂得什么叫离去，只会觉得少了一个伙伴，少了一份温暖。

时间越久，记忆往往就会越深刻，越清晰。往事历历在目，我永远都会觉得我有一个眉清目秀、善解人意的外婆。怀念，也许会是永远。

每年清明时，我总不会忘记跑到那里，到处走走，细雨绵绵，整个房子都沉浸在灰蒙之中。烟雨江南，我的眼睛也微微湿润了……

我想去那里，回顾那份温暖，重温那份感动。

那么近，那么远，我的心其实一直都在那里。

温暖的时光

悠悠岁月，如同一首婉转的歌，我们一起哼唱出最温暖的旋律。

两年前，我的余光里开始有了你的影子。刚刚入学，认不清各自的你我就像街头孤独的灵魂，漫无目的地寻找些什么，独来独往早已成为了习惯。陌生，尴尬，我拒绝这个世界上任何的恩惠，包括你和你的出现。

军训，烈日炎炎，对完全崭新的环境，我无动于衷。午饭后，眼见着鞋带散成了两条细长的带子，随着步伐的移动，我冷漠地看见了这个微不足道的阻碍。突然，背后重重一击拍在我的肩膀，还没来得及转过头，你就跳到了我的眼前，轻轻地叫出我的名字。我好奇，惊讶，那时你的鼻尖闪着汗珠，脸颊也微微泛红，伸出手来，说："东西我来拿着吧，鞋带赶紧系好。"我弯下腰，耳边你的语气没有什么太多的感情，天气很热，有些事我记不太清，只知道后来，我的身边多了一个你。

"一起吧。"简单的三个字，却是那么温暖。

接下来的点点滴滴，温暖的时光流逝指尖。你会在我腾不出手的时候帮我分担，水杯、衣服、帽子，都留下了你的指纹，清晰而又深刻。早读和晚自习，作为走读生难得十天的住宿生活，全新的作息生活因为有了你，一切都不像之前那样枯燥无味。宿舍里，我们缩在一起，玩弄着照明灯，在熄灯之后，明光照亮了你我的脸庞，照亮了你我的心灵。我们互相倾诉，啥都说，你知道我的秘密，我也了解你的故事。我回忆着流下了眼泪，靠着你的肩膀，真的很温暖。你对我的好，我都知道。

你的影子都陪伴在我的身旁。我不是一个人，因为有你，所以很温暖。

天际回荡着悠扬的歌声，温暖的时光里，我们互相陪伴。

清　明

　　清明节，雨淅淅沥沥地下个不停，我们匆匆地赶到了那个熟悉又陌生的地方，探望已经离我们远去的亲人，尽情地释怀心中的幽怨……

　　我随爸爸妈妈一同回到了故乡。由于乡下的大部分面积用于种植，没有墓地，所以就建了祠堂。我们踏着泥泞的乡间小路，怀着沉重的心情走进了祠堂。

　　首先，在祠堂前面的空地上，我们给奶奶烧纸。元宝、钞票，一堆堆地送给奶奶，生怕奶奶嫌我们小气。妈妈嘴里总是在念叨着什么："妈，我们来看您了！"我举起一串"金元宝"，毫不吝啬地送给了奶奶。还有那一炷香，我静静地举在火堆旁，化作一缕缕的轻烟飘上天去。原本温顺的火苗燃成凶猛的熊熊大火时，我都忍不住要后退几步。妈妈说，是奶奶在天上显灵，来收钱了。最后，那一堆火焰燃尽了，化作一堆灰烬，和着风，伴着雨，在清明之际，愿奶奶一路平安！

　　接着，我们又走到了祠堂里面。祠堂内空旷旷的，一个个木架环绕在周围，上面架着黑白的相片，每个相片周围都整齐有序地摆放着一个个小盒和一束束或绽或凋的花。我明白了，这就是一个个生命的展现。在"人群"中，我一眼就找到了自己的奶奶。望着那照片中的奶奶，奶奶显得格外年轻，虽发鬓已白，但童心未泯；虽消瘦不已，但心灵丰满……望着那已经离我们远去的亲人，心情也是沉重不已，不禁想起了小时候，奶奶对我那无微不至的关爱。

小时候，奶奶对我很好，每次有什么好吃的，好玩的，首先就想到了我。还记得，那时的奶奶已经坐上了轮椅，向往大自然的我总是拽着奶奶一起陪我出去玩。每次，自己都不方便的奶奶总是在担心着我的安全。最后，奶奶也不知什么时候发了病，住进了乡下的医院里。神志不清的奶奶时时刻刻念叨着我的名字，在弥留之际握着我的手，与世长辞。

奶奶，虽然您离开了我们，但我们永远也不会忘记您！

清明时节，端着暮色，我们回家去，缅怀过去，只有将现在的实际行动做得更好，才是给逝去的亲人最幸福的回报！

清明时节雨纷纷，路上行人欲断魂……

珍 藏

冬日，那份珍藏我心的爱给了我温暖，留给了我粉红色的回忆。

我刚上小学，妈妈就与周围的家长交谈起来，并学会了织毛衣。织毛衣并不是那么简单，回到家，妈妈总在摆弄着那玩意儿，那时的我懵懵懂懂，真不知大人们弄这些干吗。妈妈说，织的毛衣是给我穿的，又舒服又安全。

那天，妈妈买来了几团粉红色的毛线，还有几根又细又长的铁针。妈妈迫不及待地织起来。起初，她断断续续的，一会儿织错，一会儿搭乱，但往后，妈妈便熟能生巧，一根、两根、三根……一根根地织上去，我看得都眼花了，但妈妈丝毫不觉得累，乐在其中。

一个秋夜，我早早地爬上了床，进入了梦乡。殊不知妈妈没过一会儿也带着那个小毛衣进入了被窝。"嘶啦，嘶啦……"什么声音？惊醒过后，只见台灯的照射下，妈妈在织毛衣。那声音有条不紊地从那几根铁针里发出来，毛衣已完成大半了，我又转头看向妈妈，妈妈比之前憔悴了许多，疲惫不堪，眼睛里布满了血丝，我感到十分心疼。累了一晚上，妈妈终于停下了工作，把毛衣整齐地放在一旁，好好地睡觉。这时的我端详着那件毛衣，轻轻地抚摸着它，枕着它，忽然有一种温暖涌上心头。

疲惫了几个晚上，毛衣终于织好了，粉红色的，妈妈把毛衣递到我面前，我赶紧试穿，刚刚好，脸上洋溢着幸福的笑容。

气温急剧下降，红着脸的我穿着这件毛衣蹦蹦跳跳地去上学，感到格外温暖。

珍藏那件毛衣，那件毛衣凝聚着妈妈的心血与丰厚的爱。

珍藏那份爱，那份母爱，伟大而无私，让我感觉无比幸福。

珍藏，把爱留在心底，把情留在指尖。

又是一个冬日，那份珍藏我心的爱给了我温暖，留给了我粉红色的回忆。

这就是生活

　　平平淡淡，得过且过，这就是生活，但这并不是我想要的生活。

　　静得就像一潭水，生活照出了自己最真实的模样，毫无期待，这就是每天的自己。九年级了，生活的目的无非就是学习，考试，学习，考试罢了。新的知识来，旧的知识一遍又一遍地巩固。这样富有规律，日复一日，月复一月，习惯了，一切都习惯了。

　　10 月 22 日，依旧是平平淡淡的一天，但是我却不会忘记这一天，生活带给我的感动。

　　上午的四节课，浑浑噩噩，时而犯困到眼睛半睁半合，时而被老师的点名惊醒，看似有所收获的我，面对略有些复杂的转换就束手无策了。下课铃一响就趴在桌子上的我没有任何对知识的渴望，要是好好睡一觉该有多好。

　　午饭之后，照往常一样，溜达完后只能安安静静地去学习，可突然一下，我的肩膀被轻轻地拍打了一下，回过头，是一张可爱、亲近的笑脸，原来是你。过了好久，我才注意到你手指紧紧捏着一张很酷的明信片。我伸出手够了一下，止不住的好奇心。可是你在缩过手之后，猛地在我身边轻声地说道：

"生日快乐！"

生日快乐……我心一震，明信片的正面是你最喜欢的《刺客信条》。腥风血雨中我看到了一个"非正常人"对生以及和平的追求。那是正义，那是曙光，那是你。反面，你稚小的字迹在略微褶皱的卡片上清晰可见，祝福，陪伴，感动，右下角上，十几个人的名字整齐地排列下来，深浅不一，字迹大小粗细不一。可是"生日快乐"四个简单、普通的大字，却因为有你们变得格外地真切。

谢谢你，你的祝福，我会一直都很快乐。

谢谢你们，你们的陪伴，I will always be with you till the end.

谢谢生活，生活的感动，每天都有一个故事。好好感受，总会觉得温暖。

也许这就是生活吧。平平淡淡，得过且过，但每时每刻都会有小惊喜。

原来我也拥有这么多

　　手一挥过，微甜清凉的春风掠过我的掌心，貌似毫无收获的指尖却残留着爱的余温，抓住，失去，一瞬之间才发现，原来我也拥有这么多。

　　"别人家的孩子，什么都有，什么都不愁。"

　　"别人家的孩子，比你优秀，比你要好，所以比你拥有得多。"

　　隔壁邻居是一个又高又瘦的女孩，从小和我一起长大，年龄相仿，可性格却是截然不同的。她安静，她温柔，她礼貌，她和善。她的习惯很好，很讨人喜欢，每次来我家玩，妈妈总是大肆赞扬她后数落我一番，学习上进积极的她同样也是学校里的模范生。看样子，她很优秀，她好像什么都比我好，就连拥有也比我多。

　　每次她走过的地方，都留下了她愉悦的欢笑，也少不了大家对她的夸赞。在她天真单纯的面庞上，看得出父母对她的宠溺，师长对她的呵护，同学对她的关爱。

　　她拥有的真的很多，我也曾一度怀疑起自己，哪里不优秀，为什么不优秀，为什么"无条件"的好总是不能落在我的头上，哪怕一点儿也好。

妈妈总是说别人好，也总是嫌弃我的不是。就算我在取得成功时，也很少真正地夸过我。然而只是因为生活细节中的一个错误，却大发雷霆，总会用刻薄的语言"批斗"我，总会把我说得一无是处。我真的很难受，很痛心，我一直以为我只是一个普通人，拥有的很少，父母也很严，根本不关心我。

是的，别人拥有的很多，但是他们和我们不一样。我不是她，我也许没有她优秀，但是我真诚，我善良，我也有自己独特的特点。也许这就是专属于我的成长吧，我的成长，我的父母给予我的，是别有一番的感受和滋味。

原来我也拥有这么多，拥有这么多和你及和她不一样的、很独特的东西。

"我只希望你把小事做好，注重细节，这样才有志气。"

到头来，我真正拥有的不是父母表面上的冷漠，而是他们用苛刻和严厉换来的尊重和高尚的品质。更重要的是，他们深切的厚望寄予在我身上，这是最沉重的，也是最多最深的。

"别人家的孩子，什么都有，什么都不愁。"

"孩子，你要记住，你永远是最棒的，你是独一无二的。"

又是一年春来到，春光明媚之时，抬头，微微笑。一切都是那么温暖，爱与期待在空中荡漾。原来我也拥有这么多，抓住又失去之间，我又收获了很多，很多。

伞　缘

　　淅淅沥沥地，雨一直在下。还夹杂着盛夏未褪去的暑气，秋风绵绵好似一线思绪，总会触动我别样的回忆与情怀。

　　仍是秋天。仍是雨天。那时的天空乌云密布，原本应该彩霞笼罩的傍晚却被黄昏的灯火渲染得醉醺又朦胧。两手空空的我面对这突如其来的大雨，不知所措，慌忙间窜进屋檐下躲雨，细数这车水马龙的街道间来来往往的过路行人。

　　我羡慕他们手中的伞，尽管样式不一，颜色各异，但只要能撑起挡住我头顶的那片乌云，便是此时此刻我最中意的宝贝。可是，我没有。

　　站在台阶上，萧瑟的秋风掠过，带着湿气一起扑向我的脸颊，难忍无比。人群渐渐散去，只剩我孤零零地站在原地，欣赏这雨夜的凄凉与寂美。一滴滴的雨击在积水潭里，漾开圈圈圆晕，沾湿了我的裤角。

　　突然间，一位姑娘停下于这狭小的屋檐，撑着一把好看的伞。

　　"小姑娘，在等人吗？"

　　"没……我没伞……"

　　瑟瑟中我抬起头，姐姐是一副大学生的模样，声线轻柔得如同春天的旋律，暖化了我的心。

相视一笑之后，她似乎理解了我的处境，二话不说把伞递到我手中。很惊讶，很诧异，很感动。我久久地伫立着，仿佛全身的寒气与孤独都被驱赶，唯有一股暖流涌上心头。

"那你该怎么办?"

"没事，马上就到学校了。这伞就作我们之间的纪念好了。"

还没来得及说声谢谢，姐姐看了看手表就赶紧道别走了。雨中留给我她的背影，就像被溅起的水花，渐渐消失在了远方。

我仔细端详着姐姐那把好看的伞，浅蓝色的底衬有星星点点的繁花，伞檐还嵌有蕾丝花边，着实让我欣喜。

还停留于那份不为人知的温暖，久久不愿离开……

那把伞，不仅是我与姐姐相遇的纪念，更是我在这温暖美好的社会中体味感动的纪念。那是一次别样的邂逅，一场别样的经历，一番别样的回忆与情怀。

小小的一把伞，却在不经意间牵起了一段缘。那是属于雨天的纪念，属于我的纪念。纪念于我的心房，纪念于那时的雨天。

淅淅沥沥地，雨一直在下。我路过那天曾躲过雨的屋檐，却不曾停留。因为我已纪念下那个雨天无与伦比的曼妙与情缘。

真 爱

我愿为你与全世界为敌。

"你怎么还跟她一起玩，你们两个整天都不知道干些什么好事，就管开心了……"

"你不要总是干涉我交友的权力，这是我的自由，我的快乐！"

妈妈总是这样叨叨个不停，我甩下了这句话把自己锁在自己的房间里。

她明明很好，单纯、善良、真诚……她身上有许多我需要去学习的优秀品质，她也就只是成绩不好。

思绪随着绵绵秋雨牵回了曾经的日子。临近中考，我和她相互勉励，共同进步。我会把她不会做的数学题一步一步写出理由，竭尽全力让她理解；她也会在我一次次的挫败之后给我安慰，用她那颗纯净积极乐观的心灵感染我周围的每一寸土地。我只记得那时候，天空很蓝，我们都笑得很开心。

中考之后，作为第一个知道对方成绩的人，我们互相庆祝。我没有很好，她也没有很糟。最后也没有隔得很远，只是从前后桌的距离不断拉成了两条街。

或许只有和亲密的人在一起才会有所顾忌，我只有和她待在一起，才能找到真正的自己。茫茫人海中，能收获一份最真诚的友谊，这份真爱是何等不易，何等幸运。

我并不理解妈妈所说的道理，我也很厌恶这种迂腐势利的想法，不管对与错，我都愿为了这份真爱与那所谓的大道理为敌。

正如《笑傲江湖》中恒山派刘正风与那邪教曲洋义音律结识，结为知己，创造出无与伦比的奏曲。只由于违背了所谓的正邪不融双双死于剑下。

我们没那么高尚，但也愿成为自己小世界里的英雄，守护那份最珍贵的真爱。

妈妈始终不理解年轻人的那份热情与纯真，或许那也会是以后的我，但是我不管，我只愿为你与全世界为敌。

生活似乎还是老样子，只要是课余时间我都会把数学上的难点易错点记在本子上，只是因为她最近的数学又听不懂了。久而久之，我才渐渐明白，真正影响的不是友谊，而是强装虚伪，毫不在乎，内心空虚孤独的自己。

人生就像转陀螺，兜兜转转总会回到原点。朋友众矣，知己难求，最可贵的便是有人会陪你并肩作战，迎接黎明的曙光。只因真爱，我才找到了最真实的自己。

詹姆斯愿为篮球背弃一切，我也愿为你与全世界为敌。

或许，这就是真爱。

生 日

2018 年 8 月 1 日，注定不平凡的一天。

并不是我的生日，而凑巧是我的两个好友的生日，一个是女生，一个是男生；一个在小学相知相识，一个在高中误打误撞。一个性格乖巧，凡事镇定；一个个性张扬，放荡不羁。肯定是要来来往往地四处奔波去参加他们的生日聚会了。

时针还未过半，外头已经是骄阳似火了，向外望去火辣辣的一片，真是要把人往树荫处逼。怀有畏惧之心的我深吸了一口气，做好战斗准备向外奔去。没有一丝凉风，只有自己的喘息声无间断地发出，鼻尖凝成滴滴汗珠，摇摇欲坠。身着红色上衣的我，站在路边，不断眺望，期盼着她的到来。

过了一会儿，一辆银色的汽车缓缓地驶来，一切都是那么熟悉，在记忆里打翻了琉璃瓶，一发不可收拾。从小学至今跌跌撞撞地走过了七年的漫长岁月，从那稚嫩可爱的脸庞到眼前亭亭玉立的少女，时间流逝，带来了非同一般的体验与享受。身着一袭蓝色连衣裙，膝盖处莲花叶边的裙摆轻轻飘动，高高的马尾和高高的额头，还有那双灵动的眼眸，楚楚动人，如初见般干净纯粹。

简单的家常菜之后，她迫不及待地去打开准备的生日蛋糕了。均匀的淡黄色奶油上，布置了好多不同品种的水果，角落处的"生日快乐"却格外醒目，这天似乎一切都围绕着寿星展开，平凡，却惊喜。看着她满脸笑容地许愿，吹蜡烛，切蛋糕，分蛋糕，这些俗套的步骤在那段回忆中却格外生动，我也是着实为她开心，埋在心底的蜜罐子也打翻了。当她拆开我精心准备的礼物时，一股莫名的自豪感涌上心头，用五彩笔点缀的明信片承载着我最真挚的祝福"万事胜意，友谊长存！"

当夕阳拖着长长的尾巴印依旧迟迟不肯离去的时候，我匆匆忙忙地赶去了另一个好友的聚会。都是熟悉的人，也没有一点儿想要拘谨的意思。双手奉送上礼物之后，就找了个地开始吃饭打游戏了。嘴边提起的话题不是抱怨学习压力的繁重，就是新旧同学之间的八卦，老套却津津有味。那个又高又壮，对朋友万般依赖的傻大个也大了一岁，也还是希望他每天快乐吧。

偷瞄了一眼生日蛋糕，竟是如此熟悉。听说过撞衫，撞鞋，也是头一回听说撞蛋糕的。思绪回到了去年的 10 月 22 日，我的生日。满手的生日礼物也比不过好朋友的陪伴，尽管只是忙碌的学习生活中难得的一次周末，却依旧如同一缕淡淡的清风，带来难得的惬意与感动。今天，你们是主角，我宁愿陪在你们的身边，不管多久。

感谢时光让我们相遇，让我们停留在不同的十字路却依然心灵相犀。因朋友的陪伴让我感到不再孤单，反而在充满回忆的旋涡里翻转，遨游，洒下各式各样的糖果，回味无穷。

希望你们快乐，也是我最大的快乐！

不仅仅是某一天，而是有大家陪伴的每一天。

A J

　　雨过天晴，清新的空气中混杂着泥土的芳香，青青草地也微微湿润，仍有晶莹的露珠挂在叶尖，摇摇欲坠，映射出明媚的阳光。就在不远处，她摸不着头脑地在这片草地上打滚，自娱自乐，仿佛是舞台的中心，独享着那份快乐和自由的荣耀。我的嘴角也不禁像牵了线般向上扬去。

　　她叫 AJ，是几星期前哥哥在小区里捡来的边境牧羊犬，本是一条被丢弃的流浪狗，在哥哥爱心泛滥和对犬科动物的无限执念之下，去虱打疫苗，一遍遍地洗澡洗刷，抖一抖毛，焕然一新，新鲜出炉的 AJ 走入了我们的生活。AJ 的名也是哥哥取的。像哥哥对狗一般的执念，我作为青少年也总是热爱各种款式颜色的 AJ 牌篮球鞋。过不了十天半个月的，就总是嚷嚷着："我要买 AJ！这双超好看！"无奈之下，哥哥总想方设法地去堵住我的嘴。时至今日，哥哥也是实现了我的一个小目标，靠喊也喊出了一只超级大的 AJ，还是奥利奥配色的呢，带领我走向时尚潮流的顶端，躺着也能走向人生巅峰。

　　初来乍到，我也是有点怕狗的，始终不敢去和她接触。看过她与哥哥亲密互动的视频，也看过她在家里四处游走，先后乖巧地投入爸爸和妈妈的怀抱之中，我的手也有点痒痒，总有一种想伸手摸过去的冲动，却也总在她凑过来舔过手指之后收了回来。就在我的面前，褐色的双瞳中似乎藏着星星，闪耀着独有的那份光芒。耷拉的耳朵好像从来没有放松过，只要一听到有声音，就立即竖起耳朵挺起胸膛朝声源方向转去。湿润的鼻子下时不时地伸出又长又红的舌头，哈了两口气后又缩回，反复循环，我的心跳也跟着起律动。终于勇敢地伸出了手，轻轻地点了下头。AJ 立马坐正，乖乖闭上眼睛，庞大的身躯也变得可爱不少。接着顺着毛一直往下摸，第一次和狗的亲密很是欣喜，她黑白相间的毛发在微黄的灯光下显得格外迷人，醉醺醺，温暖却澎湃。

现在 AJ 已经是我们家里的一分子了，无论走到哪里身处何处总会牵挂着叨念着 AJ 在哪里，生活过得怎样，是开心还是难过。和她最亲密的哥哥也会在她不听话赖在家门不愿进来的时候动用酷刑，拿起拖鞋朝斜躺的 AJ 身体上打去，一下又一下，打在肉上的声音也在我心头一颤一颤的。"人家是个女孩子。你太凶了，不要再打了，都打疼了，你看看，她都快要哭了。"你看看，我比谁都心疼。担心她吃不饱，担心她受委屈，担心她不舒服，担心她将来会走丢，会被欺负，但是现在 AJ 陪在我们一家人的身边，给我们带来了无限的欢笑与美好。

陪伴是最长情的告白。

看着 AJ 在草地上打滚的惬意的样子，我长舒一口气，什么时候我也能像这般故纵自在一下？不仅仅是羡慕，欣赏，更是向往，更是追求。为了那份闲适与舒畅，又何尝不应该付诸更多的努力去达到目标？加油，未来，等我！有你的陪伴，一切都似乎变得轻松，特别了许多。

AJ，好 AJ。

以后的日子，请多关照！

浅闻小见

有梦就有希望

——观《开学第一课》有感

每一个人都怀揣着一个伟大的理想，有梦就有希望！2013年秋季的《开学第一课》节目，凝聚梦想，各个满怀期望的老师，走上讲台，为大家展示梦想的力量！一句句令人激动的话语，让我的心久久不能平静。最使我激动的，就是航天员王亚平姐姐的演讲了。

2013年6月11日17时38分，神舟十号发射成功，又圆了一次飞天之梦。其中，继刘洋之后，又一名女航天员登上太空，她就是王亚平。其实，她也有一个梦想：2003年，在杨利伟首飞的那一年，她观看了神舟五号发射的那一幕，王亚平的内心充满了骄傲与自豪，便种下了一个关于蓝天的梦想。王亚平告诉我们，梦想就像宇宙中的星辰，看似遥远，但是只要努力，它就在眼前！

其实，我也有一个梦想扎根心底，在我6岁时，第一次接触他——歇洛克·福尔摩斯的时候，我便爱上了他；当我8岁时，就知道了江户川柯南，我便立志，要成为一名侦探。首先，大家都明白，要做侦探，必须有良好的记忆力，客观地分析问题能力，系统的知识处理能力，敏锐的洞察力和强大的推理能力。我长大之后，特别想去 FBI，那里有各个领域的精英，可以突破自我，完成一个又一个任务，侦破一个又一个案子。我的偶像是华裔侦探李昌钰，他通过自己先天的禀赋和常年的努力，解决了一个个中外的大案子，从而驰名中外，斐然全球。

梦想不是等待，而是怒吼，是决定今天起就不再等待；梦想是挣扎，而不是服输；梦想不是保守，而是愿意付出任何代价……梦想是人生永恒的主题，在新的学期里，让我们乘着梦想的翅膀去尽情飞翔吧！

爱之链（续写）

乔依醒来后，推开屋门，走进店里，他完全被这一幕惊住了。妻子在破旧的餐馆里认真负责地打扫卫生，一旁的女员工在妻子的指导下办事有条不紊。虽然天气寒冷，但是妻子的额头上还有几滴汗珠，窗外的雪花纷扬飞舞，妻子那颗对待工作积极热情的心能把一切都悄然融化。

乔依在收银台前，无意看见了老妇人写的一张纸条和她悄悄留下的钱。乔依满脸困惑，立即来到妻子面前，微笑着说："亲爱的，今天是不是有人来过，还留下了什么。那个人是谁啊？""她是一个矮矮胖胖的人，满脸皱纹的脸上洋溢着淡淡的微笑。虽然她看上去弱小，但是她内心强大，她帮助了我们。"妻子亲切地说："是的，世界上那么多的好人，我得到他们的帮助，但我不应该坐享其成，而应该去帮助更多的人，让他们获得幸福。"妻子笑着点了点头。

为了维持生活，乔依得冒着寒风再找工作。他来到一家维修汽车的公司参加应聘。他穿得破烂，一旁的员工都嘲笑他。面试时，乔依用他娴熟的手法、认真的态度成功改变了员工之前的想法，让大家刮目相看。

在回家的路上，他开着车，听着歌，有时还不由得哼上几句，因为，他实在太高兴了！在家中，他欢呼雀跃，一把搂住妻子，激动地说："我找到工作了！我找到工作了！"

这就是"爱之链"那伟大的力量，没有乔依的那份热心，那份认真的态度，也许就没他现在的这份工作。乔依，老妇人还有女店主，他们充满爱。如果人人都献出一点爱，世界将变成美好的人间。

一本孩子必读的书

这是一本孩子必读的书。

这本书是我父母那个少年时代的书了，它已经饱经风霜。封面缺角，皱皱的，但是，还显目地看出 7 个人物头像，书页早已泛成了淡淡的土黄色了。这就是那一本我爱不释手的书——《科学家故事 100 个》。

叶永烈叔叔撰写的这本书，记叙了 2000 多年前后，从鲁班一直到李慰萱 100 个科学家的小故事。这些故事短小，生动，有趣，但也不缺每个科学家应有的特色：坚持不懈的爱迪生，不拘小节的爱因斯坦，还有热爱数学的"怪人"陈景润……

令我印象最深刻的，就属于塞尔维特的故事了。他是一个西班牙生理学家，在 1553 年 10 月 27 日，塞尔维特在瑞士被火活活烧死。为什么他会接受如此残酷的惩罚呢？因为他指出了当时有权威的医学家盖仑的错误，他说血液由心脏的右心室流出来，经过肺，被"改造"成鲜红色，再流回左心室。而盖仑却说，血液是肝脏制造出来的，血液流向全身，再也不会返回。塞尔维特获得巨大成就，但是却激怒了教会，教会立即逮捕了他。临死前，他还坚守自己的观点，尽管他的肉躯被火烧，但他的信念却像真金一样无法融化，他的斗争精神在烈火中永存。

在生活中，我也要像塞尔维特一样，做一个充满斗争精神的人。在学校生活中，我有时会因为一个小问题而喋喋不休，最近，我就和周驰来了一场激烈的辩论大赛。一道数学题，两种解题思路，哪一个才是对的。他先把自己的思路毫无保留地讲解，我听后，觉得是有一些道理，不禁有了放弃的想法。但是，我想起塞尔维特那样积极斗争的精神，挺起胸膛，我用自己独特的方式，用另外一种分析思路，解释得让周驰不得不服气。

叶永烈叔叔的《科学家故事100个》不仅告诉我们积极斗争的精神，还告诉了我们要惜时如金，永不满足，孜孜不倦的真理，让我们在实现科学的道路中愈行愈远。

花博会上的艺术宝库

2003 年秋季在常武大地上，举行了盛大的第八届花卉博览会。花博会中，五彩缤纷的花儿争奇斗艳，在艺术馆中，用花卉设计各式各样人文景色更加诠释了艺术的完美性。

花博会艺术馆共分为六大展厅，如同别具江南韵味的百宝园。"元黄子久，富春山居，图卷真迹，烬余残本。"这就是"镇院之宝"——《富春山居图》，这是黄公望三到四年呕心沥血之作。看着眼前规模宏大的《富春山居图》，我身临其境，来到了层峦叠嶂、景色秀丽的富春江前，拥抱着美丽的大自然。在馆内，还有刻于竹皮之上的百合花，镌刻着千里江山的牙刻，晶莹剔透的玉雕……一件件艺术藏品真是让我大饱眼福。

最让我惊叹的就属那幅刺绣——《群芳争艳阁》了。100只蝴蝶绣得栩栩如生，每一只都形态各异，五彩缤纷。还在一旁，正有五朵牡丹傲放在叶丛中，它的一针一线都十分完美精致，蝴蝶颜色鲜明，有聚有散，而牡丹却是层次分明，想必作者一定是用许多精力完成的。轻舞的蝴蝶和盛放的花朵正好演绎出"蝶恋花"的寓意。而在背后，这是一位母亲送给女儿的嫁妆，这象征着妈妈对女儿的爱。

在这次活动中，我深深体会到常州武进人对这次花博会的投入与重视，更反映了中国艺术宝库的无比瑰丽。

给巴金爷爷的一封信

敬爱的巴金爷爷：

您好！

我看了您的那封回信，我心里十分感动，您那真诚的关怀和亲切的勉励使我立下了一个坚定的誓言：奉献！

您那富含哲理的话语令我印象深刻："一心为自己，一生为自己的人什么也得不到。"巴金爷爷，您一生追求奉献，您拒办以自己名字命名的"巴金文学奖"，还把巨额奖金奉献给了他人。在生活中，我要向您学习！

做作业时，同桌把橡皮丢了，心急如焚，脸红扑扑的，皱着眉头，脚也在不停地抖动着。这时，他急需我的帮助，可我却不理睬他，只顾自己。自私的人没有什么好报，我的报应立马来了。顿时，我的铅笔里正好笔芯没有了，这万分火急，谁都知道，笔芯是铅笔最重要的部分，没有笔芯，怎么写字啊！这时，同桌也不借给我笔芯，还送给我一句话：谁叫你不借我橡皮！从这件事中，我要吸取教训，做一个乐于奉献的人！

同时您也是一个谦虚的伟大人物。您是个杰出的人，但却说自己很平凡，而我却不一样，获得一点小成就，就沾沾自喜，骄傲得不得了。

巴金爷爷，您具有脱俗的文采，又有对祖国同胞无限的热爱，您是二十世纪的良心，我永远敬佩您！

相信您的美好形象永存大家心中！

张雁南

2013 年 11 月 20 日

好书推荐

《实用文摘》，顾名思义，当然是实用的，有了这本好书在手，各种书的知识都聚集到这"美妙的世界"了。

在这个"美妙的世界"里，有诉说亲情的，有开发益智的，有励志成长的，有哲理深刻的……在这个"美妙的世界"里，有成语典故，有课延知识，有读写园地……在这个"美妙的世界"里，有万事由来，有科普实验，还有"十万个为什么"……在这个"美妙的世界"里，你可以尽情感受文才的脱俗，汲取各种知识，它一次又一次地诠释了何为完美。

其中，令我感触最深的就属卷首录——《谢谢你自己》。

《谢谢你自己》，讲述了一位女孩上台唱歌忘词的经历，而一位老师递给了她一张"写上歌词"的白纸，女孩接过，手握着白纸，顺利完成了表演。女孩手握"自信"，顺利渡过了难关。可想而知，自信是人们成功的源泉。有了自信，将不可能变成可能，可能变成一定；反之，没有自信，一定就会变成可能，可能将变成不可能。

在生活中，我也要充满自信。在一节课上，老师要求我们举行一个抢答赛，我代表我们组答题。首先，一个问题跳进了我的眼帘，我举起了手，可惜是错的；又一个问题，我想到了答案，可由于上一题的打击，我不敢举起手，我感到我的手有千斤重。心中总是在想：我的答案肯定是错的。就这样，我把一个好机会让给了别人。

读了这篇美文，我体会到：那些完成难事的人，无一不是一个充满自信的人。然而，只有充满自信，才能获得成功，今后，我也要自立、自信、自强，才能成为一个有用之人。

书中的美文还不止这些：把书当饭吃的孙中山，一角钱的玫瑰花，英国儿童的十大宣言……

《实用文摘》，一本实用的文摘。我希望同学们能捧起好书，一齐走向那个"美好的世界"！

《变色龙》续写

奥楚蔑洛夫裹紧大衣，接着穿过市场的广场径自走了。他在家中翻箱倒柜，好不容易发现自己最中意的一个怀表，他小心翼翼地用手擦拭得发光发亮，嘴角露出了白牙，满脸得意。

奥楚蔑洛夫开着汽车亲自来到将军家的门口，在门前徘徊了好一阵子，终于敲下了门。他弯下腰来，虔诚地等待将军的出现。"不知您家是否有一只小猎狗？""嗯？我想想，好像没有吧。"将军一脸的敷衍，很无奈，很幽怨。"那您知道您的哥哥是否有呢？""我不清楚，不知道奥楚蔑洛夫警官一直来打听我家这等琐事有何用？"紧接着，奥楚蔑洛夫从口袋里掏出那块怀表，眼睛和嘴巴把脸颊的肉挤得红彤彤的，把表递给了将军，并解释道："广场上一混蛋招惹到了您家的小猎狗，那可爱的小猎狗无奈之下只好咬掉了那混蛋的手指。我是来替那混蛋赎罪的。"将军露出了会心一笑，拍着奥楚蔑洛夫的肩膀说道："无妨无妨，人与狗要好好相处。下次多注意就好了。"说着，并接过怀表把门关上了。

奥楚蔑洛夫得意地回了家，见到手指受伤的赫留金也当做什么事也没发生过，穿着新大衣笑盈盈的。

春暖花开

一束光线缓缓地洒落在簇簇花丛中，阳光精灵唤醒了沉睡的花苞。春暖了，花开了。

早春，梅最先傲立于枝头。这个季节里，去公园赏梅无不是去踏寻春的足迹。瞧那枝头，熟悉但每次赏起来都有一种新鲜感。红梅，粉梅，白梅，簇拥着，远看，在久违的苍茫中增添了画笔的痕迹，简单，却不失精美。天气回暖，春梅最先感知，"起早贪黑"，最早醒来，紧接着，梅唤醒了同伴——叶子，之后构成了早春最和谐的景象。走近一颗梅树，抬头，阳光有些刺眼，可鼻尖却萦绕着梅花淡淡的幽香。光斑毫无规律地落在梅的花瓣、花蕊、花苞上。不久，春暖，花又开了。

梅花仿佛在我耳边轻轻地诉说着她的故事，鲁迅在梅花中读出了"早"的真谛，而我也沉思了好久。春天是开始，天气逐渐变得暖和，慵懒的人们在晚睡晚起的生活中也逐渐明白了要去工作、学习和生活，其实，一个人仿佛就像是一朵梅花，在春暖花开，那阳光就好像是处于学生的我们迎面朝来的知识之光，温暖地唤醒我们沉睡的心灵，时不时地提醒着我们要抓紧有利的一分一秒努力学习，不要因一时的懒惰而浪费自己的青春年华却追悔莫及。

　　春暖花开，品一口茶，细细品味。淡淡的茶香，是大自然的味道，漂浮着，还蜷缩着的茶叶，无意中将水染成墨绿色。茶香是我一天的开始，融入自然，领悟自然，享受自然，品味自然，在这最清香的季节，收获着最清香的味道。

　　春暖花开，捧一本书，字字咀嚼。坐在靠椅上，手中拿着的是自己最喜欢的一本书。书卷淡淡的墨香使得氛围变得更加安静，柔和。"书中自有黄金屋，书中自有颜如玉"，融入书中，走近读者，那是另一个世界，安静，柔和，一片花海，美丽动人。

　　春日，天气回暖，梅花的力量，小日常的清新，都让我们的心灵之花悄然盛开。

电 影 铭

　　片不在长，有情则名。资不在多，有真则灵。斯是电影，惟吾贯注。回顾往战争，展现今科技。谈笑有好友，往来全知音。可以扩视野，养身心。无烦恼之扰心，无案牍之劳形。乐侃张艺谋，笑谈冯小刚。吾辈曰："影为艺术也。"

光明的角落

——读《范爱农》有感

范爱农，提起这个名字，仿佛提起一段久违的历史，一副不复存在的画面，在光明的角落里，总会有人默默坚持在那儿，坚持着心中最初的信仰。

范爱农是鲁迅先生着力追忆的一个任务，他与鲁迅之间，也有一段故事，简单平凡的故事。因为开始在日本留学的时间，因为有些事情，两人矛盾顿显，他们两个人都是不太好对付的，范爱农不喜欢鲁迅溢于言表，鲁迅确实也觉得范爱农有点可恶。本与范爱农无任何瓜葛，可自鲁迅回国后，两个人再次相遇，便化敌为友了。不断地交流，同样的信仰，促使他们的心一步一步地贴近，成为无话不谈的挚友，再后来机缘巧合，两人还成了工作伙伴，共奋进，共迎难。

先抑后扬，这如同范爱农的一生那样，潮起潮落。

范爱农在革命前不满黑暗旧社会，追求革命，那时，范爱农的内心，如此的纯朴，简单，只有自己所追求的信仰。这也是他最初的信仰，他有自己的思想，自己的理念，是一位在百万沉默的羔羊中觉醒的知识分子，在一片压抑的黑暗中明亮的一点，有着渴望并努力照亮所有黑暗深处的信念，可殊不知力量过于微薄，辛亥革命后备受打击迫害，无法在黑暗社会立足，只能在角落里独自闪耀，无人在意，无人寒暄。范爱农倔强，所以他无法妥协，无法忘却，无法背叛自己心中一直坚持着那最初的信仰，无人去倾诉，只好独守内心的痛苦和悲凉。

范爱农的结局我们不得而知，或许对他而言，他所做出的选择是正确的，是一种内心束缚的解脱。鲁迅先生更是无比追忆这个热血青年，表示同情和追悼，也深深地表现了对旧民主革命的失望。

可笑又可悲。一切都好像是被安排好的，所谓人定胜天，也只是刚好的巧合罢了。

在光明的角落里总会有人一直默默地坚守下去，是你，是我，是和平，是正义。何不团结光明的力量，打败黑暗，让黑暗在角落里不复存在？

在记忆里

——读《朝花夕拾》有感

　　《朝花夕拾》是大作家鲁迅先生的一大著作。以前，鲁迅还是个懵懂、调皮、感情直接的小孩子，而如今却成了大名鼎鼎，享誉大江南北的爱国主义作家。是什么促使他获得如此辉煌的成就？翻开书本，一探便知。

　　不知不觉地翻完了全书，总觉得从书卷里散透出的天真烂漫让我很是感触。或许鲁迅先生的文章真的有什么魔力似的。他用一个孩子的目光探射了我的心，引起了我的共鸣。

　　《从百草园到三味书屋》，没有比较就没有伤害。枯燥，乏味，是对鲁迅先生在三味书屋最好的诠释。整天除了读书还是读书，闲来无趣。读书真的有那么重要吗？仅仅只是对一个不懂事的孩子而言。然而，百草园却是截然相反的天堂。有花有草，也有朋友，看似普普通通，却承载了鲁迅童年时期最珍贵的回忆。无忧无虑，与小虫子们为伍，这似乎是一首大自然圆舞曲，很是怀念这有味儿的童年。天性的释放以及封闭，仅在一瞬之间，儿童广阔的生活趣味与束缚儿童天性的封建书塾教育形成尖锐矛盾，不同的人生就此展开。

　　细细思来，我的童年，在记忆里也是一番别样的世界。在记忆里，最重要的莫非是挚友的陪伴了。年少无知，总会因为一些鸡毛蒜皮的小事与他人闹别扭，也会在难过的时候趴在桌子上偷偷地抹掉眼泪，也会为取得小小的成绩而骄傲自满。不过，那个人会一直陪在我身边，他的言语不会做过多的修饰，仅仅只有一句"你还好吗"，更多是长久的陪伴。无论什么时候，你都会陪着我，就像风陪着雨，是最长情的告白。在记忆里，有花香，很美好。

可如今，钩心斗角却占据了大半部分的生活，所谓的一切情谊都变得虚伪，冷漠。可我努力让自己还是一如既往的真诚，但是变了，我变了，我眼中的世界也早已变了，时过境迁，曲终人散。在记忆里，那份纯净的友谊以及长情的陪伴早已不在。记忆里，终归只是在记忆里。

每个人都有属于自己个人的独家记忆，往往经过时间的洗礼，多数事早已忘却，然而过滤下的永恒都是最深刻的。在记忆里，我们学会，领悟；在记忆里，我们成长，蜕变。

琐碎的记忆不会重现，朝花，只好夕拾。

一句话的影响

听过很多的名言警句还有父母的谆谆教诲，但只有一句话，仅仅只要那一句话就可以改变自己，超越自己。

"快乐活在当下，尽心就是完美。"

犹记得小学时被选去采访作家林清玄，为了做好准备翻过不少的作品，无论是洒满月色的荷塘还是萦绕笛声的竹林，都是幅幅充满意境的图画。众多文字在眼前掠过，可眼神却停留在了短短的十二字里。余光不停地打转，陷入回忆的漩涡中。采访完貌似"火云邪神"的林清玄，他拿起笔在学校的赠言一栏潇洒地写下那十二字："快乐活在当下，尽心就是完美。"

至今，记忆犹新。

就当作缘分，这句话成了线，系在了我的心房。

每个人都会有低谷，我也不例外。学习成绩下滑，父母唠叨不停，就连最亲密的朋友间也出现了隔阂，似乎所有倒霉的事都发生在了我的身上。那份写着老师三个问号和标上班级中下名次的数学试卷，还是让我忍不住落泪。并不是出于难受与委屈，而是出于对我自己能力的质疑。

锁在自己的房间里，只有闷不吭声的哭泣。没有人会理解那个表面上优秀乐观的女孩实际上有多么糟糕，多么狼狈，多么不堪。胡乱翻开那本字迹幼稚的日记本，仿佛整个世界的复杂迷乱都被清空，只留下了扉页上略微泛黄的痕迹和那简简单单的十二字——

"快乐活在当下，尽心就是完美。"

或许说我本来就没有那么优秀，那么高尚，那何不选择放低自己的位置，选择最简单最平凡最快乐的，大不了重新开始，尽心尽力地做好自己想做的该做的事，那就是完美的你。

有什么大不了的。

脑海中浮现出林清玄先生和蔼的模样，澄澈的双眼，略带笑意的眉眼以及永远微微上扬的嘴角，那一份淡然与执着，让我心生敬意。我抬起头望向窗外，模糊的双眼透过朦胧的世界映出那片澄净无瑕的天空。在那里，铭刻着我的快乐，我的追求，我的梦想。

至今，记忆犹新。

沧海桑田间，记忆总是不断重复地被刷洗冲淡，只是那一段狼狈不堪的时光唤醒了我的信仰，唤醒那份我对明天的憧憬。

"快乐活在当下，尽心就是完美。"

送给自己，也送给依旧在为梦想努力拼搏的你们。

生命的力量

——观《泰坦尼克号》有感

二十年过去了，我今天第一次观看了这部电影，同豪华壮观的泰坦尼克号一起，开展了一段惊心动魄的旅程。

顺着露丝的回忆，一位住上等舱的富家小姐和穷得连船票都买不起的画家打破了陈旧的封建礼仪制度，从相知、相识、再到相恋，经历了坎坷曲折。船无情地撞上了冰山后，整部电影的高潮就此展开。在危难面前，人与人之间的爱和本性的美与丑被暴露得一览无余。

暂先不谈杰克和露丝凄美的爱情故事，先是轮船上其他形形色色的人，就足以扣人心弦，动人心魄。老船长在海水冲向他的那一刻，依然站在自己的岗位上，和自己的船共存亡。我想那时他内心一定是充满了愧疚与自责的，他深爱这艘船，即使这艘船回报给他的是沉没和毁灭。船员为了维持制度而迫于无奈打死了人，因自责而选择了自尽。海水快要没过了船舱时，下等舱的穷人却依然被锁在门内，不让出舱，无论有大的反抗声都无济于事。我心里充满了无奈与不平，当然也存在着愤怒。都是生命，为什么在生死关头，还要分高低贵贱？海上的演奏乐队，抱有两孩的母亲，以及许许多多的勇敢者们，都置生死渡外，为了正义，为了陪伴，为了责任，也为了守候，同船一起沉入海中。

"You jump，I jump!"两人紧紧相拥，站在船头，迎着海风向远处眺望。这个耳熟能详的场景充斥着满满的少女与对爱情的向往。九死一生的经历让两人对爱情更加坚定，更加执着，因为爱情，两人要永远在一起。最后，杰克自己浸在海水中，让露丝躺在浮板上，并要她亲口许下诺言：一定要好好活下去，无论希望多渺茫，都一定要好好活下去。一动不动地，杰克冻死在了大洋中，没有了呼吸。救生艇缓缓驶来，二十艘中唯一返回的一艘，为了守住爱的承诺，她毅然挣脱了 Jack 僵死的双手，向生命之光游去。只见 Jack 的脸冉冉下沉，下沉。这不是无情，而是面对现实；不是放弃承诺，而是为了实现它。

在这一切的反面则是露丝的未婚夫卡尔，仅仅为了价值连城的宝石"海洋之心"始终不肯放过露丝和杰克，也仅仅为了自己的生命，竟在船上抱着一个孩子装成他唯一的亲人爬到了救生船上。更可恨的是，他把孩子带上船之后就丝毫不管了。如此虚伪，如此自私。最后在经济危机爆发的时候吞弹自尽，这也是罪有应得。

两千多人的豪华巨轮，最终只有七百多人生还。

最终的镜头停在了露丝将珍贵的"海洋之心"投入大海中，我想她这是在祝福杰克。尽管时过境迁，但他们的心依旧紧紧相依，直到永远，刻骨铭心。

"我心依旧"在大街小巷传唱。每每想起杰克帅气的脸庞，迷人的双眼就浮现我的眼前。为了爱，要活下去，要活得更灿烂！

人人对生命都有敬畏之意。相信生命，相信希望，那就是巨人！

阅读的收获

　　微光沿着窗檐滑进了那一碗茶水，捻一瓣芬芳，清风拂过，思绪随同着飞回天际，钻进手中的文字，回到了从前的日子。

　　"你总归不爱读书，道理都在书里。"妈妈总是用这般严厉的语气来数落我的种种不足，也总将我平时无意犯下的错误归咎于"读书少"上。读书真的有那么重要吗？充耳不闻，继续埋头沉溺于游戏带来的一时快感和电视中娱乐节目中的笑料之中。那种不需要动脑子的生活真的是无比惬意又轻松。但久而久之，我才发现这样是无比的空虚和寂寞。

　　似乎是所有的游戏关卡都被打通了，是所有的电视剧都被我追完了，躺在床上仰望天花板，盘算着接下来的时光又该如何消遣。无奈之下，拿起了桌子上妈妈常催我读完的书。

　　随手翻开其中的一页，竟没想到文字世界会如此的有趣、深奥。开满粉红色莲花的荷塘底藏着皎洁的月色，一片清幽的竹林里笛声萦绕，静谧的山谷中泉声叮当，在和自己的影子做游戏……脑海中联想出的场景一一浮现在了眼前，身临其境一般，如同世外桃源，流连忘返。

　　那几篇文章都是一个个生活中的小故事，在结尾总是会有意想不到的哲理所在。劝你善良，教你冷静，更多的则是学会发现。最难忘的莫过于那句"快乐活在当下，尽心就是完美。"简简单单地牵动了我的思绪，平淡，却澎湃。这不是我一直以来都在追求的人生态度吗？有追求，但从不奢求过多，朝着自己的目标不断努力，不断奋进，脚踏实地，不亏待自己的真心与付出，不让自己感到遗憾与失落，只期待明天的自己会和今天的自己一样，依旧简简单单，怀揣那颗快乐的真心。

以后的日子里，每每我遇到挫折，我都会拿出这句话来鼓舞勉励自己，而不是只有抱怨与哭泣。是书本，是文字教会了我面对，帮助我步步成长。

很久之后，我才渐渐明白，电子娱乐所带来的乐趣都只是一时的，但阅读却总是让自己受益终身。在魅力无穷的文字世界里，我欣赏了无与伦比的美景，去到了我一直都向往的远方，了解到名人事迹里的点滴，又收获了许许多多意想不到的人生指示与方向。

阅读，永无止境。

最渺小的我，怀揣着自己的追求，一路上走走停停，不停收获，不断成长。

与美同在

——读《美的历程》有感

美的历程，是条一生走不完的路。

藏青色的封面，简单直叙的文字以及尾页处精致无比的配图，无一例外地告诉我们，美无处不在，它和人类一起，也在慢慢地一步步地进化，演绎着每个不同的历史时期非同一般的独具特色的美。

从远古时期的图腾画到明清时期的小说顶峰，我似乎踏上了一条羊肠小道，沿途处处都是刚出土的宝贵文物以及诗词字画，沉醉其中，走走停停。又仿佛在登临一座风景奇秀的高山，满眼的绝胜风景，气喘吁吁并吸收升华着，令人心旷神怡，大获裨益。那人面含鱼的彩陶盆，那古色斑斓的青铜器，那琳琅满目的汉代工艺品，那秀骨清像的北朝雕塑，那笔走龙蛇的晋唐书法，那道不尽说不完的宋代山水画，还有那些著名的诗人作家们屈原、陶潜、李白、杜甫、曹雪芹……的想象画像。虽未曾谋面，但如同游进了偌大的历史博物馆。

最让我难忘的实属"魏晋风度"了。在这一重大变化时期，第一次有了人的主题，有了文的自觉，第一次提出了对人性的解放。让人在社会中有了自己的地位，第一次将人性融入文学之中，让创作诗人有容身之地……更有阮籍与陶潜，一超然事外，平淡冲和；一忧愤无端，慷慨义气，那至高无上的境界就是心之所向，一切都如此自然质朴，在平凡的生活中也有自由的向往和人性的选求。

究竟什么是美呢？

陡然发现自己对美的认识的浅薄，只看到了美的表面，却忽略了美的本质，忽略了美带给人心灵的如生命扎根般的永恒感动。美一直在我们的身边，她来自生活，却高于生活。温暖而惬意的美，需要知己般的聆听与理解，需要生命的空间去容纳，需要用整个时代的生命厚度去衡量，需要用真诚透明的灵魂去感知。生活给予美以生命，美给予生活以感动。

《美的历程》让我明白，真正的美是需要人与自然的交流和相互和解，是需要从生活的点滴中去仔细品味的，真正的美是要在如境的心中才能看见，同时看见自己的内心感动。在《美的历程》中，我读懂了生活，读懂了美。那澎湃无限的生命力正是来自生活，而这种生命力需要我们用对生命的热情去感知，只有这样，美才能在眼前升华，真正富有一种动态的美感与生命的力度，而不是静止虚无、沉默寂寥。

"俱往矣。然而，美的历程却是指向未来的。"

如此简单，却又如此深刻。

缓缓地安抚这颗浮躁的心，静静地去欣赏这个美好的世界，其实美就在身边，无时无刻与美同在。只有在美的感召下，生命变得敞亮而豁达，平静而深邃，才会展现出它耀眼的光芒与独特的魅力。

一刹那的感动，在千年风霜间永恒……生命随风飘摇，律动如一呼一吸，美可以在任何一个角落任何一个时间里潜滋暗长，只因爱美的心，生命的力，温暖的情。

只因，美的历程，是条一生走不完的路。